高校の古文読解が1冊でしっかりわかる本

スタディサプリ講師
岡本梨奈

いろはにほへと
ちりぬるを
わかよたれそ
つねならむ

かんき出版

はじめに

古文がまったく読めないところからでも大丈夫！
一緒に「古文読解」の学習をはじめましょう。

この本は、高校で学習する「古文読解」の**方法やコツが1冊で学べる本です。**

正しい「古文読解」のためには、「古文文法」の知識が必要不可欠です。

ですから、まずは**第1章**で、**「古文読解のはじまり」**として古文文法を扱います。中学生の時に学習する「歴史的仮名遣い」からていねいに見ていきますので、ゼロからでもきちんと取り組めるようになっています。

第2章では**「古文読解の方法」**を学習します。

古文文法と古文単語を学習すればスラスラ古文が読めるようになると思ってしまう人もいるのですが、文法と単語は、あくまでも古文読解のための土台です。

古文は、主語や客体（動作の相手のことです）などの肝心な情報が省略されていることが多く、それらの省略されているものを正しく判断しながら読んでいく方法を学ぶ必要があるのです。

第3章はいよいよ**「古文読解にチャレンジ」**です。

ここまでに学習したことを使って、高校の授業でもよく取り上げられる文章を読んでいきましょう。

読むときに注目すべきポイントを、「図解」を使ってていねいに解説します。大学入試でも問われるような「文法」や「古文常識」も、「ポイント」として取り扱っていますので、入試レベルの内容も学べるようになっています。

このように、本書では、**方法論を学んだうえで、実際に有名な古文の文章を使用して読解練習をしていきます。**

古文の世界で知っておくべきこと（これを「古文常識」といいます）などもきちんと紹介しているので、**古文の世界を身近に感じながら理解を深めることができます。**

中学校で学習した古文よりも、グンと難しくなってしまう高校古文。

古文に苦手意識を持つ高校生も少なくないのですが、コツさえつかめば、驚くほど自力で読めるようになりますよ。

この本で、古文を読む楽しさを知って、古文を得意科目にしましょう！

最後になりましたが、本書を企画・編集してくださり、いつも支え続けてくださる、かんき出版の中森良美様、本書に素敵なデザインを施してくださったIsshikiの八木麻祐子様、NIXinc の二ノ宮匡様、かわいいイラストを描いてくださったタテノカズヒロ様、巻末付録の編集をしてくださったアート工房様、細かいところまでしっかり校正をしてくださった相澤尋様、そして、この本を手に取ってくださった皆様、本当にありがとうございます。心より感謝申し上げます。

岡本梨奈

本書の５つの強み

その1 岡本先生と基礎の基礎から楽しく学べる！

歴史的仮名遣いのポイントや歴史的仮名遣いの五十音から始めるので、古文をはじめて勉強する人や古文が苦手な人でも、古文が必ず読めるようになります。解説には、岡本先生のキャラが登場！大事なポイントを先生と一緒に楽しく学ぶことができます。

その2 文法の基礎が確認できる！

古文を読むために必要な文法を、とってもわかりやすく解説！

動詞の活用、係り結び、助動詞の識別など、特に重要な事項をまとめて確認できるので、古文読解に役立つ基礎知識が身につきます。

その3 古文読解の方法がわかる！

実際の古文読解で必要な、主語をつかんだり省略されているものを補ったりしながら読んでいく方法が学べます。

「文法や単語はしっかり勉強したのに古文が読めない……」と困っている人は、ぜひ読んでください！

その4 おなじみの文章が図解でわかる！

第３章「古文読解にチャレンジ」では、高校の授業でも取り上げられることの多い、おなじみの文章を読んでいきます。図解を使って丁寧に解説しているので、読む時のポイントになるところも一目瞭然！

文法や古文常識も扱っているので、大学入試レベルの内容も学ぶことができます。

その5 巻末付録で知識を補強できる！

助動詞の活用や文学史、重要古語など、古文読解に役立つ知識を「巻末付録」にまとめました。文法の確認や文章の背景知識の整理などに、フル活用してください。また、重要古語は特に重要なものを精選して掲載。古文単語学習のスタートにもぴったりです。

『高校の古文読解が1冊でしっかりわかる本』もくじ

第1章 古文読解のはじまり

第2章 古文読解の方法

第3章 古文読解にチャレンジ

巻末付録

本書の使い方

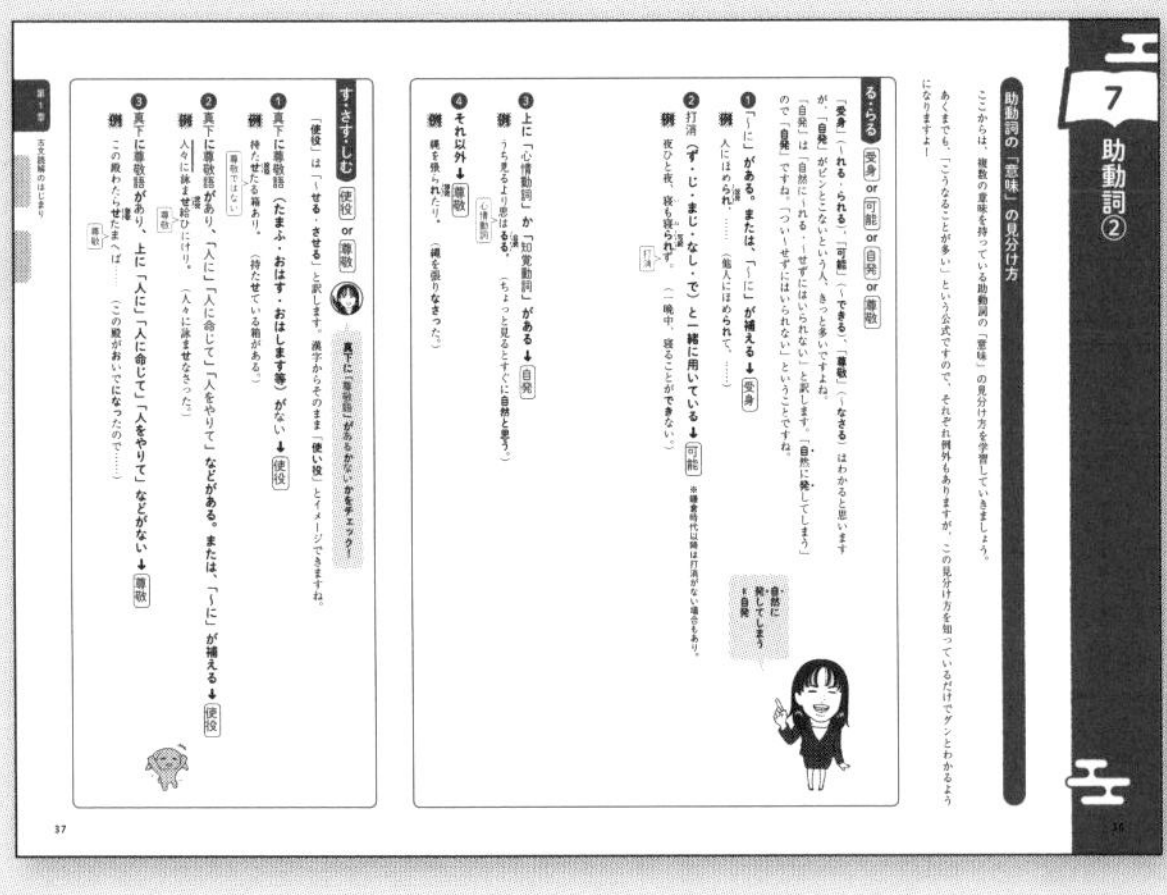

第1章
「古文読解のはじまり」で
古文読解の土台になる文法を学ぶ

基礎の基礎から、
岡本先生と楽しく学べます！

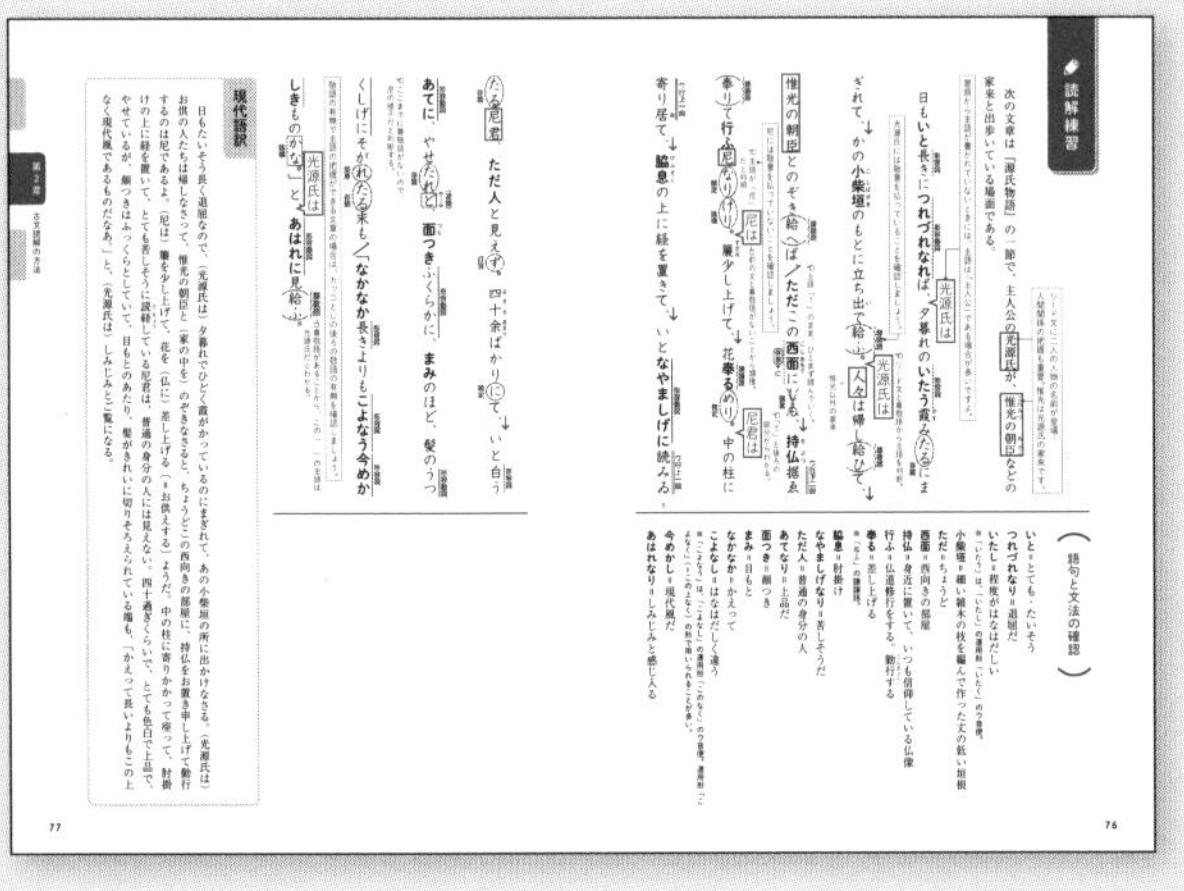

第2章
「古文読解の方法」で
古文を読むためのテクニックを学ぶ

読むために必要な手順を、
実際の文章で身につけられます！

第3章
「古文読解にチャレンジ」で
おなじみの文章の読解に挑戦

まずは、これまでに学んだことを使って古文読解にチャレンジ！

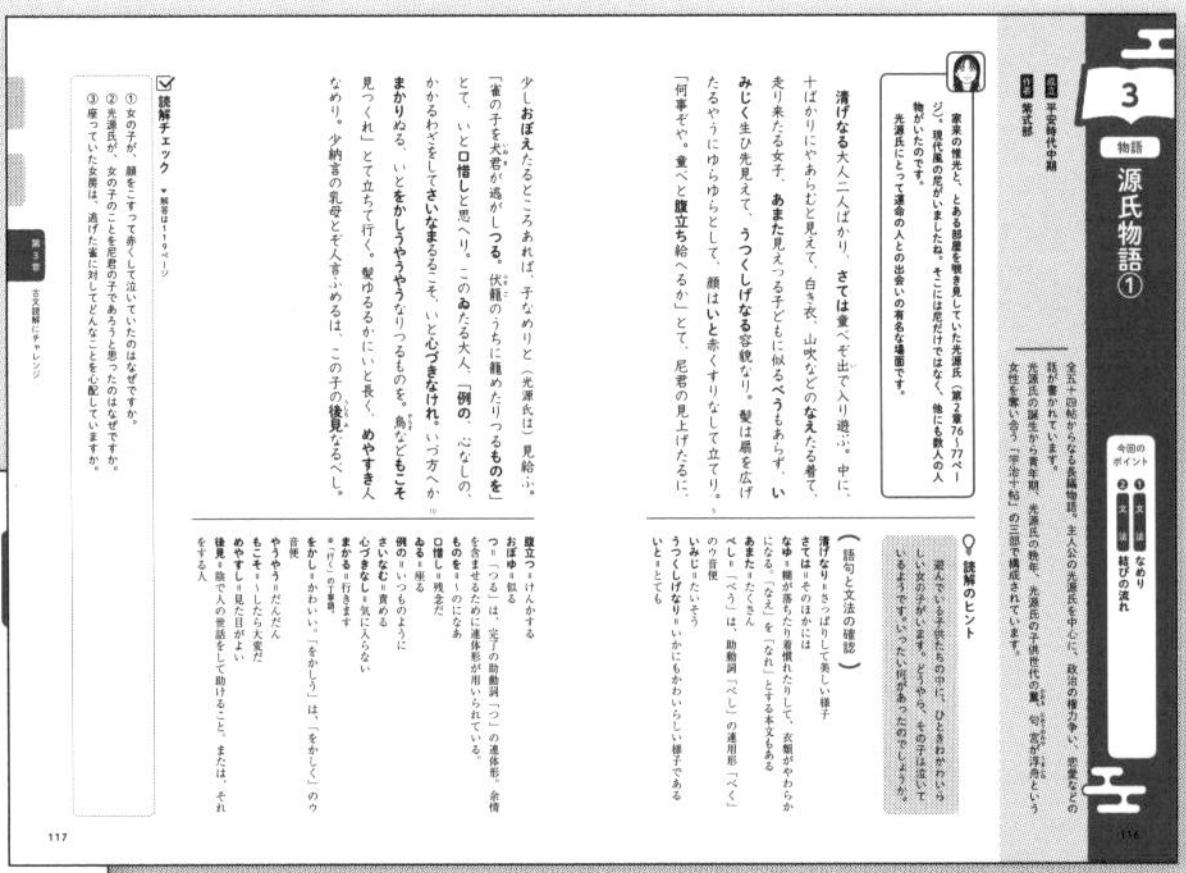

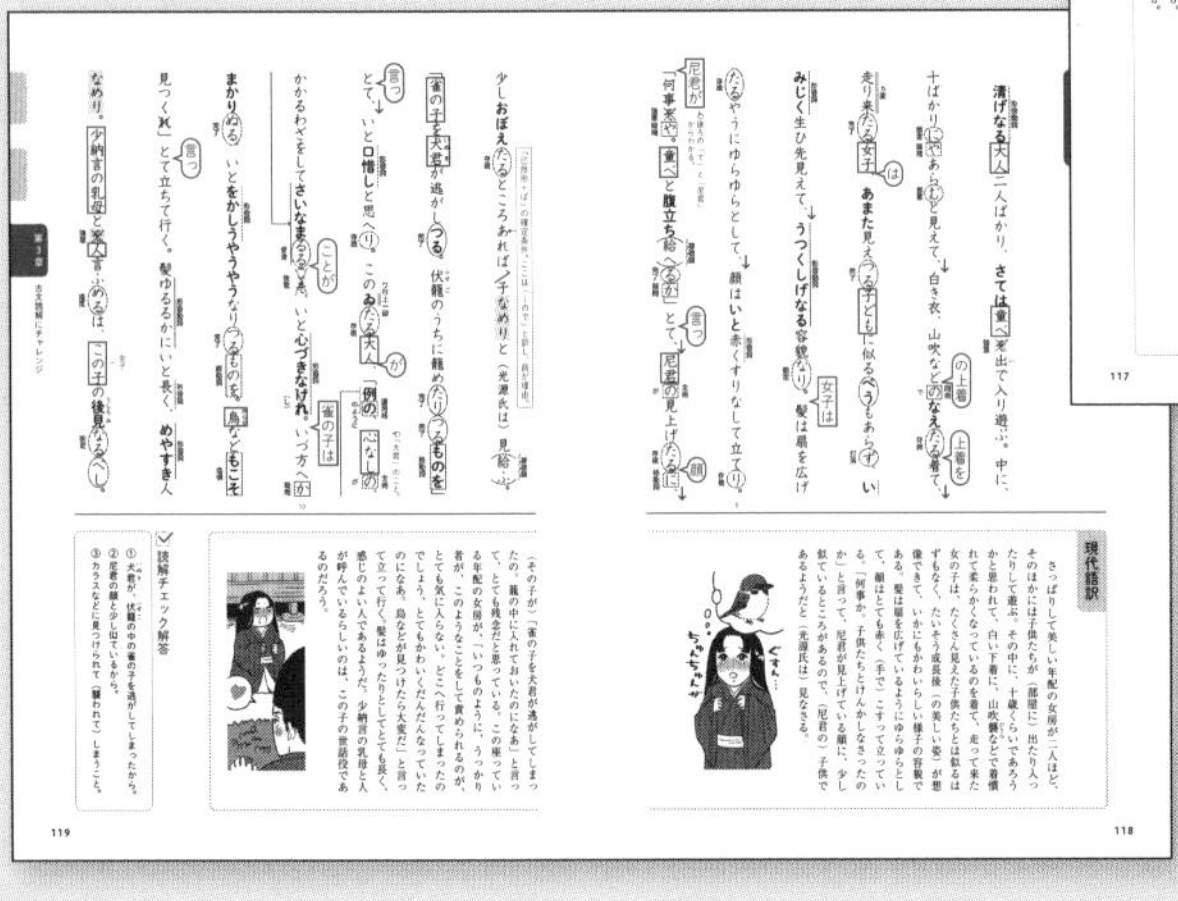

その後、図解とポイント解説で、
正解を確認できます！

※図解中の記号
㊍＝未然形　㊊＝連用形　(終)＝終止形
(体)＝連体形　(已)＝已然形　(命)＝命令形

第1章

古文読解のはじまり

1 歴史的仮名遣い・五十音

歴史的仮名遣いのポイント

私たちが普段使っている平仮名は「**現代仮名遣い**」です。古文の時代では、「**歴史的仮名遣い**」が使われていました。次のように、「書き方」や「読み方」が現代とは違うものがあります。

書き方（現代語→古文）

1 「じ」「ず」→「ぢ」「づ」

例 ふじ〔藤（植物の名）〕→ふぢ

例 わずか（少し）→わづか

2 小さい「っ」「ゃ」「ゅ」「ょ」→大きい「つ」「や」「ゆ」「よ」とすることがある

例 よって（だから）→よつて

例 ひゃく〔百〕→ひやく

読み方（古文→現代語）

1 「くゎ」「ぐゎ」→「か」「が」

例 くゎげつ→かげつ〔花月〕

例 ぐわんりき↓がんりき〔願力〕

❷「を」↓「お」

例 をぢ↓おぢ〔伯父・叔父〕

❸「ゐ」「ゑ」↓「い」「え」

例 ゐん↓いん〔院〕

例 せちゑ↓せちえ〔節会〕

❹語頭以外の「は・ひ・ふ・へ・ほ」↓「わ・い・う・え・お」

例 うへ↓うえ〔上〕

例 かひ↓かい〔貝〕

※語頭の「は・ひ・ふ・へ・ほ」は、そのまま（例 ひかり↓ひかり〔光〕）。

❺「あ＋う」↓「おう」

例 あふみ↓（あうみ↓）おうみ〔近江〕

❻「い＋う」↓「ゆう」

例 きうと↓きゅうと〔旧都〕

❼「え＋う」↓「よう」

例 てふ↓（てう↓）ちょう〔蝶〕

歴史的仮名遣い「五十音図」

次に、古文（歴史的仮名遣い）の**「五十音図」**を確認しましょう。

ア行	カ行	サ行	タ行	ナ行	ハ行	マ行	ヤ行	ラ行	ワ行
あ	か	さ	た	な	は	ま	や	ら	わ
い	き	し	ち	に	ひ	み	い	り	ゐ
う	く	す	つ	ぬ	ふ	む	ゆ	る	う
え	け	せ	て	ね	へ	め	え	れ	ゑ
お	こ	そ	と	の	ほ	も	よ	ろ	を

重要なのは**ア行・ヤ行・ワ行**です。

「歴史的仮名遣い」の中で特徴的な「**ゐ**」と「**ゑ**」は**ワ行の文字**です。

ア行は現代とまったく同じです。なぜか間違える人が多いのですが、「ア行は現代と同じ」です！

ヤ行は現代では「や・ゆ・よ」ですが、古文では「や・**い**・ゆ・**え**・よ」。**ヤ行の「い」と「え」はア行と同じです。**

そして、「**う**」**の文字はア行とワ行の両方にある**ということもおさえておきましょう。

その他の行は、（ア行と同じく）現代とまったく同じですから覚える必要はありませんね。

なぜ、「ゐ」・「う」・「ゑ」の行を理解しておく必要があるの？

たとえば、古語に「飢う」（「飢える」の意味）という**ワ行**の動詞があります。「て」につなげるなら「飢えて」となりそうですよね。

ですが、古文で「飢**え**て」と書くと不正解。「飢**う**」の「**う**」はワ行の「う」です。よって、「飢**ゑ**て」が正解です。

一方で「こころう」（「心得」＝「理解する」）という**ア行**の動詞があります。

こちらは「こころ**え**て」と「**え**」で正解。つまり、「こころ**う**」の「**う**」はア行の「う」です。

実は、大学入試でも「歴史的仮名遣い」の五十音図が理解できているかどうかを試されることがあります（「飢う」はワ行、「こころう」はア行だと覚えておく必要がある動詞なのです）。

「五十音図」は基本ですが、このようにとっても大事なのですよ。

2 品詞

品詞の種類

「名詞」「動詞」などの言葉を聞いたことはありますよね。これらを「**品詞**」といいますが、日本語は全部で十種類の品詞に分けられます。

①名詞　**事物の名前を表す語。人物・場所・物質など。**

例　人・大和・月

②動詞　**動作・存在を表す語。**

例　言ふ・ゐる・あり

③形容詞　**事物の性質・状態を表す語。古語では「〜し」・「〜じ」で終わる。**

例　よ**し**（良い）・すさま**じ**

④形容動詞　**事物の性質・状態を表す語。古語では「〜なり」・「〜たり」で終わる。**

例　あはれ**なり**・堂堂**たり**

⑤副詞　**動詞・形容詞・形容動詞を修飾する語。**

例　いと（とても）・いとど（ますます）

完璧に覚えようとしなくて大丈夫！こんなのがあるんだなと思ってくれればOKです。

⑥ 連体詞　名詞を修飾する語。

例 ありつる（さきほどの）・ありし（以前の）

⑦ 接続詞　文と文をつなぐ語。前後の文脈の関係を表す語。

例 さて・しかるに（ところが）

⑧ 感動詞　感動・呼びかけ・応答・掛け声などを表す語。

例 あはれ（ああ）・えい

⑨ 助動詞　他の語について、意味を加える語。

例 ず・けり

⑩ 助詞　他の語について、意味を添えたり、言葉の働きを表したりする語。

例 の・も

これら十種類の「品詞」は、次の二つのグループに分けることができます。

自立語　単独で文節を作ることができる〔＝単独で意味がわかる〕語

↓①～⑧〔＝助動詞・助詞以外〕

付属語　自立語に付属して、文節の一部として用いられる〔＝単独だと意味がわからない〕語

↓⑨・⑩〔＝助動詞・助詞〕

たとえば、「人」「言ふ」「よし（良い）」などは、その一語で意味がわかりますね。これらが「**自立語**」です。

一方、「けり」「の」とだけいわれても「?・」となってしまいますよね。これらは「**付属語**」です。

一覧表にして見てみましょう。

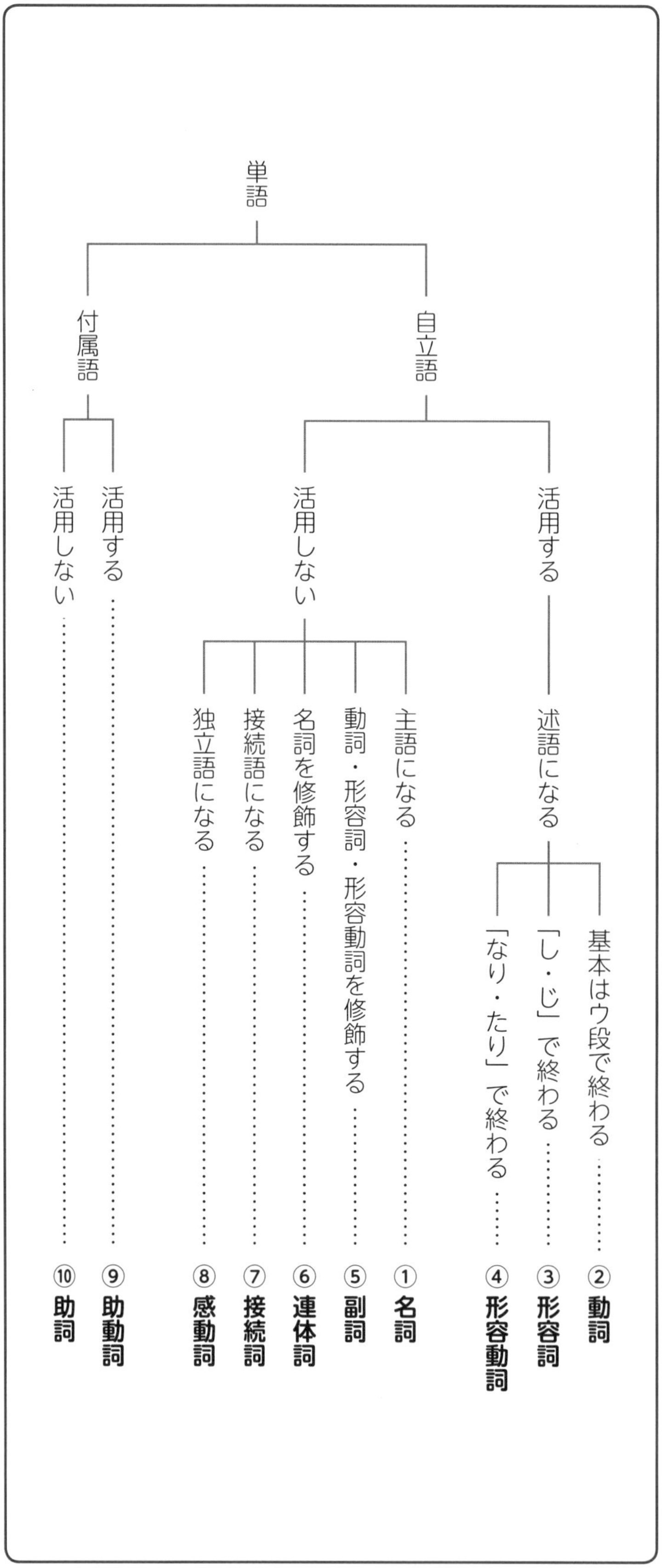

さて、ここまでは流し読み程度でOKでしたが、最後にとっても大事なことをお伝えします。

①名詞の別名を「**体言**」といいます。

②動詞・③形容詞・④形容動詞の別名を「**用言**」といいます。

なぜ大事なのかは、次の学習単元「活用形」のところで説明しますが、古典文法を勉強する際にもよく出てくる用語ですから、

- 「体言」＝名詞
- 「用言」＝動詞・形容詞・形容動詞

を、覚えておきましょう。

また、⑨助動詞と⑩助詞の違いがよくわからない……、と思った人もいると思いますが、「**活用するかしないか**」という点が決定的に違います。

「**活用**」も次の単元で学習します。まだ勉強していませんので、今はわからなくても問題ありません。

ひとまず、⑨助動詞・⑩助詞とは、**他の語にくっついて単独では意味がわからない言葉**だとぼんやりわかっていれば、今はそれで大丈夫です。

3 活用・活用形

「活用」って何だろう?

「活用」とは、「**形が変わること**」です。

たとえば、「**人**」や「**月**」は、いつ、どこで出てきても「**人**」「**月**」のままですよね。これらは「**活用しない**」のです。

ですが、「**聞く**」は「**聞かず**」「**聞きて**」「**聞く**」「**聞くとき**」「**聞けども**」「**聞け**」のように、「**聞く**」の「**く**」の部分が変わっていきますよね。

これを「**活用する**」といいます。

前回学習した十種類の品詞の中で「**活用する**」のは、**動詞**・**形容詞**・**形容動詞**・**助動詞**の四つです。

助動詞と**助詞**の違いは、「活用するかしないか」だと、前回ちらっとお伝えしましたね。

助動詞は活用する(=形が変わる)のですが、**助詞**は活用しません。

たとえば、**助動詞**「**けり**」は「**けら・けり・ける・けれ**」のように形が変わりますが、**助詞**「**の**」は、いつでもどこでも「**の**」です。これが、**助動詞**と**助詞**の大きな違いです。

「活用形」を理解しよう

「活用形」とは、**活用したときのそれぞれの形の名前**です。

形の変わり方は、たとえば先ほどの例のように、「聞**か**ず」「聞**き**て」「聞**く**」「聞**く**とき」「聞**け**ども」「聞**け**」の**六種類**があります。つまり、**活用形**は**六種類**です。

まずは、六種類の名前をおさえましょう。**未然形**・**連用形**・**終止形**・**連体形**・**已然《いぜん》形**・**命令形**です。

活用の解説には、次のような表がよく使われます。活用形の名前を上から順番にいえるようにしておきましょう。

基本形	語幹	未然形	連用形	終止形	連体形	已然形	命令形
聞く	聞	か	き	く	く	け	け

「**語幹**」とは、活用しない部分のことです。

たとえば、右の表だと、「聞く」は、「聞か（未然形）」「聞き（連用形）」「聞く（終止形）」「聞く（連体形）」「聞け（已然形）」「聞け（命令形）」と形が変わりますが、「**聞**」の部分は形が変わりませんね。

また、「**未然形**」「**連用形**」「**終止形**」「**連体形**」「**已然形**」「**命令形**」とは、それぞれ次のような形のことです。

「未然形」……まだ起きていないことを示す形

「連用形」……用言（＝動詞・形容詞・形容動詞）に連絡していく形 ※用言以外もあり

「終止形」……文が終わるときの形

「連体形」……体言（＝名詞）に連絡していく形 ※体言以外もあり

「已然形」……すでに起きてしまったことを示す形

「命令形」……命令を表すときの形

「活用形」を判断するヒントは？

「活用形」を判断するときのポイントは、**「下」を見ること**です。

例 これを聞く人々、涙を流さずといふことなし。　（これを聞く人々が、涙を流さないということはない。）

この**例**の「聞く」の活用形を考えてみましょう。下を見ると、「**人々**」とありますね。「**人々**」は**名詞**、つまり「**体言**」です。「**体言」の上は「連体形」**になります。よって、この「聞く」は連体形です。「連体形」は「体言に連絡していく形」でしたね。

もう一つ**例**を見てみましょう。

例 男、この女の虚言《そらごと》を聞き笑ふ。　（男は、この女のうそを聞いて笑う。）

この「聞き**笑ふ**」の「聞き」は、下が「**笑ふ**」です。「**笑ふ**」は「**動詞**」、つまり「**用言**」です。「**用言」の上は「連用形」**。よって、「聞き」は「連用形」。「連用形」は、「用言に連絡していく形」でしたね。

このためにも、「体言」や「用言」という別名をきちんと理解しておきましょう。

次に、下につく代表的なものをあげておきます。これを覚えると「聞け**ども**」の「聞け」は已然形だとわかります。

基本形	語幹	未然形	連用形	終止形	連体形	已然形	命令形
聞く	聞	か	き	く	く	け	け
		ず	用言 けり たり て、	。 」と (引用)	体言	ど ども	。 」と (引用)

動詞の活用の種類を理解しよう

「聞く」は、「か・き・く・く・け・け」と活用しましたね。このように活用する動詞を「**四段活用**」といいます。

活用の仕方は他にもあり、その「活用の仕方」によってグループが分かれています。これを文法用語で「**活用の種類**」といいます。

動詞の活用の種類は、全部で**九種類**。それぞれの活用の仕方と名前、そして見分け方を覚えましょう。

正格活用

●四段活用

基本形	語幹	未然形	連用形	終止形	連体形	已然形	命令形
思ふ	思	は	ひ	ふ	ふ	へ	へ
		a	i	u	u	e	e

ここでは、「は（a）・ひ（i）・ふ（u）・ふ（u）・へ（e）・へ（e）」となっていて、「a・i・u・e・o」のうち、「a」「i」「u」「e」の四段で活用していますね。そのため、**四段活用**といいます。

●上二段活用

基本形	語幹	未然形	連用形	終止形	連体形	已然形	命令形
過ぐ	過	ぎ	ぎ	ぐ	ぐる	ぐれ	ぎよ
		i	i	u	uる	uれ	iよ

これは、「a・i・u・e・o」の真ん中の「u」を含めて上に二段だけで活用するものです。

「a・i・u・e・o」の「i」と「u」ですね。

●下二段活用

基本形	語幹	未然形	連用形	終止形	連体形	已然形	命令形
覚ゆ	覚	え	え	ゆ	ゆる	ゆれ	えよ
		e	e	u	uる	uれ	eよ

これも、先ほどの上二段活用と同じ考え方です。「a・i・u・e・o」の真ん中の「u」を含めて下に二段だけで活用するものです。

「a・i・u・e・o」の「u」と「e」ですね。

●上一段活用 「干《ひ》る」「射《い》る」「着る」「似る」「煮る」「見る」「居《ゐ》る」「率《ゐ》る」など

基本形	語幹	未然形	連用形	終止形	連体形	已然形	命令形
見る	○	み	み	みる	みる	みれ	みよ
		i	i	iる	iる	iれ	iよ

「上一段活用」は、「a・i・u・e・o」のうちの、真ん中の「u」から上に一段だけで活用するものです。

「a・i・u・e・o」の「i」ですね。

もう少しくわしく見ていきましょう。

テストなどで活用の種類を問われたら、「○行△△活用」のように、五十音の行とともに答える必要があります。

たとえば、「**干《ひ》る**」は**ハ**行上一段活用、「**着る**」は**カ**行上一段活用です。それぞれ、**「る」の上の文字**の行ですね。

そこで、気をつけたいのが、「**射《い》る**」と「**居《ゐ》る**」「**率《ゐ》る**」です。

まず、「**射る**」は**ヤ**行上一段活用です。つまり、「射る」の「い」は、ヤ行の「い」と覚えておかないといけません。

「**居る**」「**率る**」は**ワ**行上一段活用ですね。「ゐ」がワ行なのは、10~11ページで学習しましたね。

「**射《い》る**」と「**居《ゐ》る**」「**率《ゐ》る**」は、**漢字**と**振り仮名**、**行**をセットで覚えておきましょう。

他には、「顧**みる**」「用**ゐる**」などの動詞も上一段活用ですが、基本の動詞を覚えておけばわかりますね。

●下一段活用「蹴《け》る」

基本形	語幹	未然形	連用形	終止形	連体形	已然形	命令形
蹴る	○	け	け	ける	ける	けれ	けよ

「下一段活用」は、「a・i・u・e・o」のうちの、真ん中の「u」から下に一段だけで活用するものです。「a・i・u・e・o」の「e」ですね。

そして、下一段活用は「**蹴る**」しかありません。つまり、カ行下一段活用のみということですね。

変格活用

ここから学習する「変格活用」とは、今まで紹介した「正格活用（四段活用・上二段活用・下二段活用・上一段活用・下一段活用）」の活用にあてはまらない、少し不規則に活用するもののことです。

●カ行変格活用「来《く》」「〜来」

基本形	語幹	未然形	連用形	終止形	連体形	已然形	命令形
来《く》	○	こ	き	く	くる	くれ	こ（こよ）

「**来**」や「〜**来**」です。「〜**来**」とは、「参り**来**」や「まうで**来**」などです。

●サ行変格活用　**「す」「おはす」「ものす」**

基本形	語幹	未然形	連用形	終止形	連体形	已然形	命令形
す	○	せ	し	す	する	すれ	せよ

他にも「〜**す**」「〜**ず**」の「す」や「ず」が、「〜**する**」と訳せるもの（**例**「**全**《まつた》**うす**」＝「まっとうする」など）、「**音読みの漢字一字＋す**（もしくは「**ず**」）」（**例**「**賞**《しやう》**す**」「**困**《こう》**ず**」など）、「〜**んず**」（**例**「**信**《しん》**ず**」「**念**《ねん》**ず**」など）は**サ行変格活用**です。

●ナ行変格活用　**「死ぬ」「去《い》ぬ」「往《い》ぬ」**

基本形	語幹	未然形	連用形	終止形	連体形	已然形	命令形
去《い》ぬ	去	な	に	ぬ	ぬる	ぬれ	ね

命令形は「**ね**」です。「ねよ」ではないので気をつけましょう。

●ラ行変格活用　**「あり」「居《を》り」「侍《はべ》り」「いまそかり」**

基本形	語幹	未然形	連用形	終止形	連体形	已然形	命令形
あり	あ	ら	り	り	る	れ	れ

ポイントは**終止形**が「**り**」ということです。その他にも、「**いまそがり**」や「**みまそかり**」も**ラ行変格活用**です。

動詞の活用の種類はどうやって見分けるの？

ここまで、動詞の活用の種類を紹介してきました。

動詞の活用の種類を見分けるには、「**覚えるもの**」と、「**公式で見分けるもの**」を区別すると効果的です。

簡単にまとめると、数が少ないもの（「上一段活用」「下一段活用」「カ行変格活用」「サ行変格活用」「ナ行変格活用」「ラ行変格活用」）は覚えてしまい、数が多すぎるもの（「四段活用」「上二段活用」「下二段活用」）は公式で見分けるようにするのです。

それでは、「四段活用」「上二段活用」「下二段活用」の見分け方を確認しましょう。

「四段活用」「上二段活用」「下二段活用」の見分け方

- **「a＋ず」……四段活用**

  例 「思ふ」➡「思はず」

- **「i＋ず」……上二段活用**

  例 「過《す》ぐ」➡「過ぎず」

- **「e＋ず」……下二段活用**

  例 「覚《おぼ》ゆ」➡「覚えず」

4 係り結びの法則と意味

「係り結び」って何だろう?

前回は「活用形」を学習しました。

普通、**文末**は「**終止形**」か「**命令形**」になります。

例 その男、しのぶずりの狩衣を着たり**けり**《終止形》。（その男は、しのぶずりの狩衣を着ていた。）

この**例**の文末の助動詞「けり」は**終止形**です（「助動詞」はこの後の32〜45ページで学習するので、今はわからなくても大丈夫ですよ）。

ですが、**係助詞**「**ぞ**」「**なむ**（なん）」「**や**」「**か**」「**こそ**」が文中にあるときには、**文末の形が変わる**という法則があります。

それが「**係り結びの法則**」です。次のように形を変えます。

ぞ なむ（なん） や か	↓	連体形
こそ	↓	已然形

例 その男、しのぶずりの狩衣を**なむ**着たり**ける**《連体形》。（その男は、しのぶずりの狩衣を着ていた。）

例 散れば**こそ**いとど桜は**めでたけれ**《已然形》（散るからいっそう桜はすばらしい）

「めでたけれ」は、形容詞「めでたし」の已然形。28ページで学習します。

ですから、文末だから必ず「終止形」や「命令形」になると考えるのはキケンです。

大学入試では、係り結びがからんだ活用形を問われることがよくあります。上を見ていって、**係助詞**を探してみましょう。**係助詞**があれば、それぞれ該当する活用形〔**ぞ・なむ・や・か↓連体形**〕〔**こそ↓已然形**〕が答えになります。**係助詞**がなければ、普通は「終止形」か「命令形」ですね。

係助詞の意味と訳し方は？

さて、これらの**係助詞**が文中にある場合、どのような意味があるのでしょうか？

❶「ぞ」「なむ」「こそ」↓強意

「ぞ」「なむ」「こそ」は、「強意」の意味です。「強意」とは、文の一部分の意味を強めることです。

ですが、**特に訳さなくてかまいません**。

たとえば、現代語で「よく**ぞ**言った！」、「君**こそ**がすべて」とあった場合、「よく言った！」「君がすべて」で意味は通じますよね。古文でも、同様に考えればよいのです。

ですから、古文を読んでいて、文中に「ぞ・なむ・こそ」を見つけたら、上から×で消して、普通に訳せばよいのです。

例 これを［こそ］やれ。

▼これを~~こそ~~やれ。（これを**やる**。）

「やれ」は、「こそ」があるから**已然形**になっています。「これをやれ！」のように、命令形で訳さないように気をつけましょう。

係助詞「ぞ」「なむ」「こそ」は無視して、命令ではなく普通に訳すだけです。

❷「や」「か」↓疑問か反語

一方、「や」「か」は「疑問」か「反語」の意味で、こちらは消してはいけません。

「**疑問**」は、「**〜か**」と疑ったり問うたりすることですよね。

「**反語**」とは、「**〜か、いや、〜ではない**」（もしくは、「**〜ではないか、いや、〜だ**」）と、**反**対にひっくりかえす**語**のことです。

たとえば、現代語で「人間がガラスを食べるか」とあった場合、見た目は疑問文ですが、「人間がガラスを食べるか？　いや、食べないでしょう」ということですよね。

この「食べるか？　いや、食べない」とひっくりかえすのが「**反語**」です。

「人間はガラスを食べない」ということはわかるので、「疑問」ではなく「反語」だと判断できます。

人間はガラスを食べるか？
いや、そんな人間はいない
ガキ
疑問文
反語

古文でも、「疑問」「反語」のどちらであるかは、文脈できちんと判断する必要があります。

ちなみに、「**やは**」「**かは**」と「は」がついている場合は、「**反語**」の可能性がとても高いです。

まずは「反語」から訳してみて、おかしければ「疑問」にしましょう。

例　男**や**ある。　（〔疑問〕男がいるか。　〔反語〕男がいるか、いや、いない。）

※どちらになるかは文脈判断

例　男**やは**ある。　（〔反語〕男がいるか、いや、いない。）

※まずは「反語」で訳してみて、文脈上おかしければ「疑問」にする

他にも、「**疑問語**」（**例**「**なに**」「**など**」「**いかで**」「**誰**《たれ》」など）と一緒に用いられている場合も、「**反語**」になりやすいです。

「疑問が重なると、**強い疑問**になる」とイメージしましょう。

たとえば、現代語で「あの子を好きなのか？」と優しく問えば疑問文ですね。

あの子のことが好きなのかどうかを本当に聞きたいのです。

ですが、「あの子を好きなのか⁉」と強い口調に変えてみてください。

そうすると、「あの子を好きなの⁉　えっ？　うそでしょ⁉　それはないだろう」という気持ち、つまり「反語」になりますよね。

ですから、古文でも「疑問」が重なると「反語」になりやすいのです。

ただし、これらも「疑問」の場合もあるので、「反語」から訳してみて、おかしければ「疑問」にしましょう。

例　憂き世に**何か**久しかるべき
（反語）この無常な世の中に何が久しくとどまっているだろう**か**、**いや**、久しくとどまるものなど何も**ない**）

この世に、ずっと未来永劫とどまっているものなど、何一つありませんよね。

そのため、この「**か**」は「**反語**」でおかしくありません。

「**形容詞**」と「**形容動詞**」は、「品詞」の回で確認したように、事物の**性質**や**状態**を表す語です。

「形容詞」は「～**し**」や「～**じ**」で終わり、「形容動詞」は「～**なり**」や「～**たり**」で終わります。

「形容詞」と「形容動詞」は、どちらも活用しましたね。活用表をそれぞれ確認しておきましょう。

「形容詞」のポイント

「形容詞」には、「**ク活用**」と「**シク活用**」の二種類があります。

「**なる**」をつけて「～くなる」となれば「**ク活用**」、「～しくなる」となれば「**シク活用**」です。

例 「よし」+「なる」=「よくなる」 ↓ **ク活用**
例 「やさし」+「なる」=「やさしくなる」 ↓ **シク活用**

次の表のように、「シク活用」は「ク活用」の終止形以外の活用形に「し」がつくだけですから、両方覚えなくても「ク活用」をしっかり覚えておけば、「+し」で「シク活用」もできあがりです。

活用の種類	基本形	語幹	未然形	連用形	終止形	連体形	已然形	命令形
ク活用	よし	よ	(く)	く	し	き	けれ	○
			から	かり	○	かる	○	かれ
シク活用	やさし	やさ	(しく)	しく	し	しき	しけれ	○
			しから	しかり	○	しかる	○	しかれ

左側は、補助活用。
命令形を除いて、下に助動詞が
つく場合には、こちらを使います。

「形容動詞」のポイント

「形容動詞」には、「**ナリ活用**」と「**タリ活用**」があります。

活用の種類	基本形	語幹	未然形	連用形	終止形	連体形	已然形	命令形
ナリ活用	清《きよ》らなり	清ら	なら	なり／に	なり	なる	なれ	なれ
タリ活用	索索たり	索索	たら	たり／と	たり	たる	たれ	たれ

連用形の「なり」「たり」の下には、基本は助動詞がつくよ。
「に」「と」の下は、助動詞以外だね！

実際の古文では、このように使われます。

例 色などもいと**清らなる**扇あり。（色などもとても美しい扇がある。）

例 松吹く風**索索たり**。（松を吹く風の音も響いている。）

他にも、**ナリ活用**には「**あはれなり**」（しみじみと心が動かされる）、「**あてなり**」（高貴だ・上品だ）、「**優なり**」（優雅だ）、「**せちなり**」（ひたすらである）、「**おろかなり**」（いいかげんだ）など、たくさんあります。

タリ活用は、漢文調の文章で使用するため、普段あまり目にすることはないとは思いますが、「**堂堂たり**」（どっしりした様子・威厳のある様子）、「**漫漫たり**」（広々とした様子）などがあります。

「形容詞」と「形容動詞」は、どうやって見分けるの？

文中で「基本形」以外の形で出てきたときに、**性質**や**状態**を表す語で、語尾が「く・し・き・けれ・から・かり・かる・かれ」であれば「形容詞」、「なら・なり・なる・なれ・に・たら・たり・たる・たれ・と」であれば「形容動詞」です。

●性質や状態の語尾が「く・し・き・けれ・から・かり・かる・かれ」↓「形容詞」
●性質や状態の語尾が「なら・なり・なる・なれ・に・たら・たり・たる・たれ・と」↓「形容動詞」

例 **をかし**《形容詞》の御髪や。いと**はかなく**《形容詞》ものし給ふこそ、**あはれに**《形容動詞》**後ろめたけれ**《形容詞》。
（きれいな御髪ですこと。たいそう幼くいらっしゃることが、かわいそうで気がかりだ。）

これも確認① 音便

右の**例**は、『源氏物語』の一節をもとにしていますが、『源氏物語』の原典には「はかなく」ではなく「はかな**う**」と書かれています。「はかなく」よりも「はかなう」のほうが発音しやすいので、「はかなう」に変化しました。

このように、発音しやすいように他の音に変えることを「**音便**」といいます。「はかな**う**」のように「**う**」に変えることを「**ウ音便**」といい、形容詞では「**く**」を「**う**」に変えます。

形容詞の音便は、「ウ音便」を含めて三種類あります。

●ウ音便（「う」に変わる）
例 はかな**く** ↓ はかな**う**

●イ音便（「い」に変わる）
例 はかな**き** ↓ はかな**い**

●撥音便（「ん」に変わる）

例　うつくしかる　→　うつくしかん

このように、音便で文字が変わっていることがありますが、単語をきちんと勉強すると、最後の文字が変わっていても気づけるようになりますよ。

これも確認②　形容動詞「あはれなり」の意味

形容動詞「**あはれなり**」を辞書でひくと「悲しい」、「気の毒だ」、「かわいい」、「情趣がある」、「見事だ」など、たくさんの意味が載っています。これらを全部覚えるのは大変ですよね。

まずは、「あはれなり」は、「**ああ**」**というしみじみとした感情**だということを覚えておきましょう。

そのうえで、文脈によって、どういう「しみじみとした感情」なのか、**プラス**なのか**マイナス**なのかを判断するとよいですよ。

これも確認③　形容詞「いみじ」の意味

形容詞「**いみじ**」は古文中によく出てくる、「**程度がはなはだしい**」という状態を表す言葉です。

たとえば、「**いみじくうれし**」や「**いみじく**泣く」のように、下にかかっていく言葉がある場合には「**とても・たいそう**」と訳します。

下にかかっていく言葉がない場合は、「**とてもプラス**」なのか「**とてもマイナス**」なのかを考えて、「**すばらしい**」「**ひどい**」など、文脈に合うように訳す必要があります。

6 助動詞①

とっても大事な「助動詞」

「**助動詞**」は、「品詞」の回で確認したように、体言や用言などの他の語について意味を加え、活用する語です。

たとえば、「けむ」「らむ」「む」という助動詞があります。

「**けむ**」は**過去推量**、「**らむ**」は**現在推量**、「**む**」は（未来）**推量**の意味をもっていて、次のように使います。

例 食ひ**けむ**（食べて**いただろう**）

例 食ふ**らむ**（食べて**いるだろう**）

例 食は**む**（食べる**だろう**）

助動詞がわかれば、このように解釈できるのです。逆にいえば、助動詞がわからないと古文を正しく解釈することができません。

さて、これらの**例**をよく見ると、「助動詞」の上の「食ふ」の形が「食**ひ**」「食**ふ**」「食**は**」とそれぞれ違いますね。

きちんと「決まり」にしたがって形が変わっています。

「助動詞」は、それぞれどんな形にくっつくのか決まっていて、それを文法用語で「**接続**」といいます。

先ほどの**例**でいえば、「けむ」の接続は**連用形**、「らむ」の接続は**終止形**、「む」の接続は**未然形**と決まっているのです。

「**接続**」を理解できていると、正しい形に変えられます。

「**接続**」が大事な理由をもう一つお伝えしますね。

たとえば、「**なり**」という助動詞は二種類あり、「**断定**（～である）」と「**伝聞推定**（～らしい）」の意味をそれぞれ持っています。

見た目がまったく同じ「なり」なので、どのように区別したらいいか困ってしまいそうですね。

ですが、「なり」の上の語の形、つまり「**接続**」によってどちらなのかを正しく判断することができるのです。

「**断定**」は**体言**か**連体形**に、「**伝聞推定**」は**終止形**に接続します。

例 **去《い》ぬなり**（去る**らしい**）

例 **去《い》ぬるなり**（去る**のだ**）

「去ぬ」はナ行変格活用動詞で、「な・に・ぬ・ぬる・ぬれ・ね」と活用しましたね。ですから、「去**ぬ**なり」は「**終止形＋なり**」で「去る**らしい**」、「**去ぬるなり**」は「**連体形＋なり**」で「去る**のだ**」という解釈になります。

「接続」に注目すると、
「なり」が区別できるということね。

「助動詞」は「意味」「接続」「活用」の三つをセットでおさえよう！

ここまでの解説で、助動詞の「意味」や「接続」の大切さを理解してもらえたと思いますが、実は、助動詞をマスターするためにはもう一つポイントがあります。

それは、「**活用**」です。古文を正しく読めるようになるためには、「**活用**」もしっかり覚えておくことが欠かせないのです。

たとえば、助動詞「**む**」は「○・○・**む・む・め**・○」と活用します。いつも「む」で出てくるとは限りません。次の**例**を見てください。

例　明日こそ食は**め**。

この「食はめ」の「**め**」は、「**こそ**」があるので「**む**」**が已然形になったもの**ですね。ちなみに、「食**は**め」とちゃんと**未然形**についています。

この「**め**」が「**む**」だとわかっていれば、「明日食べる**だろう**」と訳せますね。

助動詞の学習は、「**意味**」「**接続**」「**活用**」の三つをセットでおさえるのがポイント！

最初は少し大変かもしれませんが、これらがきちんとつかめれば、古文はとっても読みやすくなります。頑張っていきましょう。

接続別に助動詞の主な「意味」を確認しよう！

それでは、接続別に助動詞の主な意味をまとめておきます。

●未然形接続の助動詞

る・らる	受身・尊敬・可能・自発（自然と〜する）
す・さす・しむ	使役・尊敬
む・むず	推量・意志・勧誘・適当（〜したほうがよい）・仮定・婉曲（〜ような）
ず	打消
じ	打消推量・打消意志
まし	反実仮想（もし〜なら……だろうに）・ためらいの意志（〜しようかしら）
まほし	希望

●連用形接続の助動詞

き・けり	過去　※「けり」には詠嘆の意味もあり。
つ・ぬ	完了・強意（きっと・必ず）
たり	完了・存続（〜している・〜してある）
けむ	過去推量・過去原因推量・過去の伝聞婉曲
たし	希望

連用形接続の助動詞の意味は、「完了」や「過去」がつくものが多いね。

●終止形接続の助動詞

なり	伝聞推定
らむ	現在推量・現在原因推量・現在の伝聞婉曲
べし	推量・意志・可能・当然・命令・適当
まじ	打消推量・打消意志・不可能・打消当然・禁止・不適当
めり・らし	推定（〜らしい）　※「めり」には婉曲の意味もあり。

●連体形・体言接続の助動詞

なり	断定・存在
ごとし	比況（〜のような）　※助詞の「の・が」にも接続する。

●体言接続の助動詞

たり	断定

●サ変動詞未然形・四段動詞已然形接続の助動詞

り	完了・存続

それぞれの「活用」は、巻末付録206〜207ページの「おもな助動詞活用表」で確認できます。

複数の意味を持っている助動詞の意味の見分け方は、次の「助動詞②」で学習するよ。

助動詞の「意味」の見分け方

ここからは、複数の意味を持っている助動詞の「意味」の見分け方を学習していきましょう。

あくまでも、「こうなることが多い」という公式ですので、それぞれ例外もありますが、この見分け方を知っているだけでグンとわかるようになりますよ！

る・らる　受身 or 可能 or 自発 or 尊敬

「**受身**」（〜**れる・られる**）、「**可能**」（〜**できる**）、「**尊敬**」（〜**なさる**）はわかると思いますが、「**自発**」がピンとこないという人、きっと多いですよね。「**自発**」は「**自然に〜れる・〜せずにはいられない**」と訳します。「**自然に発してしまう**」ので「**自発**」ですね。「つい〜せずにはいられない」ということですね。

①「〜に」がある。または、「〜に」が補える ↓ 受身

例 人にほめ**られ**（受身）、……（他人にほめ**られ**て、……）

② 打消（ず・じ・まじ・なし・で）と一緒に用いている ↓ 可能

例 夜ひと夜、寝《い》も寝《ね》**られ**（可能）**ず**（打消）。（一晩中、寝ることが**できない**。）

※鎌倉時代以降は打消がない場合もあり。

③ 上に「心情動詞」か「知覚動詞」がある ↓ 自発

例 うち見るより思は**るる**〔自発〕。〔心情動詞〕
（ちょっと見るとすぐに**自然と思う**。）

④ それ以外 ↓ 尊敬

例 縄を張ら**れ**〔尊敬〕たり。
（縄を張り**なさった**。）

す・さす・しむ　使役 or 尊敬

「**使役**」は「〜**せる・させる**」と訳します。漢字からそのまま「**使い役**」とイメージできますね。

真下に「尊敬語」があるかないかをチェック！

① 真下に尊敬語（たまふ・おはす・おはします等）がない ↓ 使役

例 持た**せ**〔使役〕たる箱あり。〔尊敬ではない〕
（持た**せ**ている箱がある。）

② 真下に尊敬語があり、「人に」「人に命じて」「人をやりて」などがある。または、「〜に」が補える ↓ 使役

例 人々に詠ま**せ**〔使役〕給ひにけり。〔尊敬〕
（人々に詠ま**せ**なさった。）

③ 真下に尊敬語があり、上に「人に」「人に命じて」「人をやりて」などがない ↓ 尊敬

例 この殿わたら**せ**〔尊敬〕たまへば……〔尊敬〕
（この殿がおいで**になっ**たので……）

む・むず　婉曲 or 仮定 or 意志 or 勧誘 or 適当 or 推量

まずは、文中か文末かを分ける！

「仮定」（**もし〜ならば**）、「意志」（**〜しよう**）、「推量」（**〜だろう**）はわかりやすいですね。

「勧誘」（**〜しませんか**）も比較的わかりやすいと思いますが、「婉曲」「適当」の訳をしっかり確認しましょう。

「婉曲」は、断定を避けた遠回しな表現のことで「**〜ような**」と訳します。

「適当」は「適切・ふさわしい」という意味で「**〜したほうがよい**」と訳します。

❶ 文中にあり、真下が体言 ↓ 婉曲

例 月の出でたら**む**（婉曲）夜は、……（月が出ている**ような**夜は、……）
［体言］

❷ 文中にあり、真下が体言ではない ↓ 仮定

例 鳶のゐたら**ん**は（仮定）……（鳶がいた**ならば**……）
［体言ではない］

❸ 文末にあり、主語が一人称 ↓ 意志

※「と」の上の「む」は意志が多い。

例 重忠が申しけるは、「重忠瀬踏みつかまつら**む**（意志）。」とて、……
［本人（つまり一人称）］
（重忠が申し上げることには、「私重忠が川瀬の深さを確かめ申し上げ**よう**。」と言って、……）

❹ 文末にあり、主語が二人称 ↓ 勧誘・適当

例 「（あなた、）忍びては、参り給ひな**む**や（勧誘）」（「こっそりと、参内なさら**ないか**」）
［二人称］
※会話文中で主語が書いていない場合、尊敬語があれば「二人称」であることが多い。
※終わりの「や」は、終止形につく助詞「や」なので、「む」は終止形で文末扱い。

文中なら❶か❷。真下をチェックして体言なら❶で、その他なら❷だね。

5 **文末にあり、主語が三人称↓推量**

例 姉・継母などやうの人々（三人称）の、〈中略〉いかでかおぼえ語ら**む**（推量）。

（姉や継母などの人々が、〈中略〉どうして暗誦して語る**だろう**か、いや、語らない**だろう**。）

文末なら3〜5。主語をチェックしよう。

じ

打消意志 or **打消推量**

「**打消意志**」は「**〜ないつもりだ・〜まい**」、「**打消推量**」は「**〜ないだろう**」と訳します。

主語チェックがポイント！

1 **主語が一人称↓打消意志**

例 我（一人称）は知られ**じ**（打消意志）と思ふ。

（私は知られ**まい**と思う。）

2 **主語が一人称以外↓打消推量**

例 山の端《は》なくは月（一人称ではない）も入ら**じ**（打消推量）を

（山の端がなかったならば月も沈め**ないだろう**になあ）

らむ・けむ　伝聞婉曲 or 推量 or 原因推量

「む」と同様に、まずは文中か文末かを分ける！

「**らむ**」と「**けむ**」は、どちらも「**伝聞婉曲**」（**〜とかいう・〜ような**）、「**推量**」（**〜だろう**）、「**原因推量**」（**どうして〜だろう**）の意味を持っていますが、決定的な違いがあります。それは「時制」です。
「らむ」は「現在」、「けむ」は「過去」です。

●「**らむ**」……**現在の伝聞婉曲・現在推量・現在原因推量**　※訳す際は、「〜ている」をつける。
●「**けむ**」……**過去の伝聞婉曲・過去推量・過去原因推量**　※訳す際は、「〜た」をつける。

❶ 文中 ↓ 伝聞婉曲

例 取りて来**らむ**《現在の婉曲》をも待たず……（取って来て**いるようなの**も待たず……）

例 かの石山にて言ひ寄り**けむ**《過去の婉曲》こと……（あの石山寺で言いながら近寄っ**たようなこと**……）

❷ 文末で、見ていない場合 ↓ 推量

例 見えない　水の底には大綱ある**らむ**《現在推量》。（水の底には太い綱がある**のだろう**。）

例 見えない　この男の心いかなり**けむ**《過去推量》。（この男の心はどのようだっ**たのだろう**。）

❸ 文末で、見ている場合。もしくは、「疑問語」と一緒に用いている ↓ 原因推量

例 疑問語　などかくいふ**らむ**《現在原因推量》。（**どうして**このように言って**いるのだろうか**。）

例 などかくなむとものたまはせざり**けむ**[過去原因推量]。［疑問語］（**どうして**こうだともおっしゃらなかっ**たのだろうか**。）

べし

可能 or **適当** or **命令** or **当然** or **意志** or **推量**

「べし」の意味を見分けるには、**文脈判断**をすることが重要です。以下の「見分け方」はあくまでもただの目安なので気をつけましょう。

❶ 打消や反語と一緒に用いている ➡ 可能 が多い

例 す**べき**[可能]やうもなし。［打消］（どうすることも**できない**。）

❷ 比較・選択の文脈で用いている ➡ 適当

例 一口《いもあらひ》へや回る**べき**[適当]、水の落ち足をや待つ**べき**[適当]。［比較対象で、どちらかを選択する文脈］（一口の方へ回る**のがよいか**、水の減り際を待つ**のがよいか**。）

※一口＝場所名

❸ 上位から下位へのセリフ中で命じている文脈や、「べき由《よし》」の「べき」➡ 命令

例 参る**べき**[命令]よし……（参上**せよ**とのこと……）

❹ 誰に聞いても当然そうだという文脈 ➡ 当然

例 道理をよくよく知る**べし**[当然]。（**当然**道理をよく知ら**なければいけない**。）

5 主語が一人称 ↓ 意志

例 「宮仕へに出《い》だし立てば（私は）死ぬ**べし**〔意志〕と申す」（「宮仕えに出すならば（私は）死ぬ**つもりだ**と申し上げる」）

一人称

※会話文中で主語が書いていない場合、尊敬語や命令形がなければ「一人称」であることが多い。

6 主語が二人称 ↓ 命令・適当

例 「（あなたは）西に向かはせ給ひて、御念仏さぶらふ**べし**〔命令〕。」（「西に向きなさって、お念仏を唱え**なさいませ**。」）

二人称

※「給ひ」があるため、主語が二人称だと考えられる。

7 主語が三人称 ↓ 推量

例 川の水嵩《みかさ》も増《まさ》る**べし**〔推量〕。（川の水かさも増す**だろう**。）

三人称

また、「べし」の打消で「まじ」という助動詞もあります。よって、「まじ」も「べし」の見分け方を参考に、文脈判断が必要です。
ただし、「べし」も「まじ」も、問題として意味を問われているわけではなければ、「べし」や「べき」（強い推量）、「まじ」（強い打消）のまま読んでいけばよいですよ。

つ・ぬ　強意 or 完了

「**強意**」（**きっと〜**）と「**完了**」（**〜た**）の見分け方は、**真下に推量系の助動詞**が「ある」か「ない」かです。

1 真下に推量系（む・べし・らむ・けむ等）がある ↓ 強意

例 いとど定まり**ぬ**〔強意〕べし。（ますます**きっと**定まるだろう。）

推量

② **真下に推量系がない↓** 完了

例 やがてまた定まり**ぬ**〔完了〕。（そのまままた定まっ**た**。）

推量がない

たり・り　存続 or 完了

「**存続**」（～**している**・～**してある**）と「**完了**」（～**た**）を見分けるには、**文脈判断**が必要です。とりあえず「**存続**」で訳してみて、ＯＫかどうかを確認しましょう。

① **「している」「してある」と訳してみてＯＫ↓** 存続

例 よき人の、のどやかに住みなし**たる**〔存続〕所は……（身分が高い人が、もの静かに意識して住ん**でいる**所は……）

例 あるいは露落ちて花残れ**り**〔存続〕。（あるときは、露が落ちて花が残っ**ている**。）

② **①で訳しておかしい場合↓** 完了

例 夜前《やぜん》率て参り**たる**〔完了〕御馬を盗人取りてまかりぬ。（昨夜連れて参上**した**御馬を盗人がとって退散した。）

例 古き人の書け**る**〔完了〕ものどものあるが中に……（昔の人が書い**た**ものがいくつかある中に……）

けり　詠嘆 or 過去

①「和歌中」「なりけり」「べかりけり」の「けり」↓ 詠嘆

例　かの鬼の虚言は、このしるしを示す**なりけり**《詠嘆》。（あの鬼の流言は、この（病気の）前兆を示すのだ**なあ**。）

②会話文中の「けり」で「〜なあ」「〜よ」と訳してみてOK↓ 詠嘆

例　「もの一言《ひとこと》言ひ置くべきことあり**けり**《詠嘆》。」（「一言言っておくべきことがあるのだよ。」）

③①と②以外↓ 過去

例　袖を引き放ちて逃げられ**けり**《過去》。（袖を振り払って逃げなさっ**た**。）

まし　反実仮想 or ためらいの意志

「反実仮想」とは、**実**際とは**反**対のことを**仮**に**想**像してみることで、「もし〜ならば…だろうに」と訳します。

「ためらいの意志」は「〜しようかしら・〜たらよいだろう（か）」と訳します。

①「〜ましかば……まし」「〜ませば……まし」「〜せば……まし」「〜未然形＋ば……まし」↓ 反実仮想

例　昼なら**ましかば**《反実仮想》、覗きて見奉りて**まし**《反実仮想》。（もし昼であった**ならば**、覗いて拝見した**だろうに**。）

②疑問語と一緒に用いている↓ ためらいの意志

例 いかに**せまし**［ためらいの意志］。（どのようにし**たらよいだろうか**。）

体言・連体形につく「なり」 存在 or 断定

❶ **上が場所（方角なども含む）になっている ➡ 存在**

例 **内**［場所］**なる**［存在］人、……（簾の中**にいる**人が、……）

❷ **❶以外 ➡ 断定**

例 みな**虚言**［場所ではない］**なり**［断定］。（全部うそ**である**。）

終止形（ラ変型＝連体形）につく「なり」 伝聞 or 推定

❶ **うわさなど人から聞いた場合 ➡ 伝聞**

例 男もす**なる**［伝聞］日記といふものを……（男も書いている**とかいう**日記というものを……）

❷ **音や声が根拠の場合 ➡ 推定**

例 松虫の声す**なり**。（松虫の声がする**ようだ**。）

「格助詞」「係助詞」「接続助詞」を学ぼう！

「**助詞**」は「品詞」の回で確認したように、他の語について、意味を添えたり、言葉の働きを表したりする語です。

助詞は、助動詞とは違って「活用しない」のでしたね。


助詞には「**格助詞**」「**係助詞**」「**接続助詞**」「**終助詞**」「**副助詞**」「**間投助詞**」の六種類があります。

今回は、「**格助詞**」「**係助詞**」「**接続助詞**」の主な用法をいくつか紹介します。

格助詞 「の」「が」「を」「に」「へ」「と」「より」「から」「にて」「して」

「格助詞」は、**体言**や**連体形**に接続します。

「格助詞」は、格助詞の上の語が、文中で他の語とどのような関係になるかを示す働きをします。


たとえば現代語で「猫がいる」と言うときの「猫」は、この文の**主語**ですよね。「猫**を**飼っている」と言うときの「猫」は、この文の**目的語**です。

● 猫**が**《主語》いる。
● 猫**を**《目的語》飼っている。

「**が**」や「**を**」によって、それらの上の語（＝「猫」）が他の語とどんな関係にあるかがわかりますね。

そのような、関係を示す働きをする助詞が「格助詞」なのです。

それでは、格助詞の中でも特に大事な「**の**」と「**が**」を学びましょう。

❶「の」

格助詞「**の**」には、五つの用法があります。

現代でも「風の音」「これ誰の?」のように、「**の**」のままで意味が通るものや、「**〜のもの**」という意味の用法がありますね。古文でも同じ用法があり、「**の**」のままで意味が通るものを「**連体（修飾）格**」、「**〜のもの**」という意味の用法を「**準体格**」といいます。

まずは、この二つから確認しましょう。

その他、「**主格**」「**同格**」「**連用（修飾）格**」がありますので、続けて確認していきます。

A 連体（修飾）格

例 清水《きよみづ》**の**橋**の**もとに京童部《きやうわらんべ》どもといさかひしけり。（清水寺**の**橋**の**たもとで、京の若者たちとけんかをした。）

▼

清水（体言） の（連体格） 橋（体言） ／ 橋（体言） の（連体格） もと（体言）

「**の**」の上の体言が意味のうえで**体言**にかかっていくときは、「**の**」のままで訳します。この「**の**」が「**連体格**」です。

B 準体格

例 大和**の**もいとめでたし。（日本**のもの**もとてもすばらしい。）

「の」の下に、体言（ここでは「もの」）を補って訳せる場合の「の」が「**準体格**」です。現代でも使われているので、わかりやすいですね。

C 主格

例 よき人**の**、のどやかに住みなしたる所は……（身分が高く情趣を解する人**が**、もの静かに住んでいる所は……）

古文では、「が」と訳す「の」も重要です。これを「**主格**」といいます。

「**の**」の上の体言が意味のうえで**用言**にかかっていくとき、この「の」は「**主格**」になります。

▼ よき人（体言）**の**（主格・が）、のどやかに住みなしたる（用言）

D 同格

「の」には、「**で**」と訳す「**同格**」の用法もあります。

「同格」になる場合は、「**体言**＋**の**」の下のどこかが**連体形**になっています。

そして、その**連体形の下に「の」の上の体言を入れられて**、「**の**」を「で」と訳してOKならば「**同格**」です。

次の**例**で確認してみましょう。

例 大きやかなる**家の**、あばれ**たる**（連体形）がありけり。

↓大きやかなる**家の**、あばれ**たる**（連体形）**家**がありけり。

↓大きな**家**で、荒れ果てている**家**があった。

「の」の前の「大きな家」と、「の」の後ろの「荒れ果てている家」は「同じ家」ですよね。よって、「同格」といいます。

入試で格助詞「の」の用法が問題になっていれば、「同格」であることが多いです。

E 連用（修飾）格

最後に「**～のように**」と訳す「**連用（修飾）格**」の用法を確認しておきましょう。

まずは、**和歌中**にある「**の**」で、「**～のように**」と訳せたら、その「の」は**連用格**です。

例 わが袖は潮干《しほひ》に見えぬ沖の石**の**人こそ知らねかわく間《ま》もなし

（私の袖は、干潮のときにも見えない沖の石**のように**、人は知らないでしょうが、涙でかわく暇もない）

和歌中の「の」が全部「連用格」というわけではありませんが、**和歌中**の「の」の用法が問われたならば、ひとまず「**連用格**」から考えて「～**のように**」と訳して確認してみましょう。

そして、和歌以外では、「**例の**」**が用言にかかっていく場合**の「の」があります。

例 **例の**集まりぬ。（**いつものように**集まった。）

この「**例の**」は「**いつものように**」と訳します。

❷「が」

格助詞「**が**」の用法は、「の」とほとんど同じですが、「連用（修飾）格」の用法はありません。

「が」を同格の「で」と訳す場合、「の」とは少し違います。「**連体形＋が……連体形～**」となっており、**それぞれの連体形の下に同じ体言**（**人・もの・時…等**）**を自分で補う**必要があります。

例 鈍色のこまやかなる《連体形》**が**うち萎えたる《連体形》どもを着給ひて……（鈍色の濃い色の**喪服で**少し柔らかくなった**喪服**を着なさって……）

この**例**の他にも、『源氏物語』の冒頭部分にも有名な同格「が」があります。第二章（94～95ページ）でその文章を取り上げますので、そこで確認しましょう。

係助詞 「は」「も」「ぞ」「なむ」「や」「か」「こそ」

係助詞の中でも特に大事な「**ぞ**」「**なむ**」「**や**」「**か**」「**こそ**」は、「**係り結びの法則と意味**」で学習しましたが、係助詞はその五つだけではありません。

「**私は**」の「**は**」や「**私も**」の「**も**」も、係助詞です。

「は」「も」は終止形や文末の形で結び、通常の形なので、「係り結び」にはカウントしません。意味も現代語と同じなので特に意識する必要もありません。

「は」と「も」に関しては「係助詞」と知っておけば十分です。

係助詞で注意すべきなのは、次に挙げる「結びが省略されているもの」と「訳し方に注意が必要なもの」です。

さっそく確認していきましょう。

❶ 結びが省略されているもの

古文を読んでいると、「～**にや。**」「～**にか、**」などのように、係助詞はあるのに結びがないままプツッと途切れているものがあります。

例 思ひは少し薄くなりぬる**にや。**　（思いは少し薄れたの**であろうか。**）

これを「**結びの省略**」といいます。

「**にや**」「**にか**」で途切れている場合には、「**あらむ**」が省略されています。たとえば、「～**にや。**」は「～**にやあらむ。**」で「～**であろうか。**」と訳します。

「**にこそ**」で途切れている場合は、「**あれ**」や「**あらめ**」が省略されています。**断定**している文脈であれば「～**にこそあれ。**」（～**である。**）、**推測**の文脈であれば「～**にこそあらめ。**」（～**であろう。**）です。

❷ 訳し方に注意が必要なもの

次に、訳し方に注意したいものを二つお伝えします。

A 強意の「ぞ」「こそ」の前に「も」をつけた「もぞ」「もこそ」

「〜したら大変だ・困る」と訳すので気をつけましょう。

例 人**もこそ**あれ。（人が**いたら困る**。）

これは覚えていないと訳せませんね。

「もこそ」に気づけず「こそ」を消して、「人もいる」などと訳してしまわないようにしましょう。

B 文中の「こそ〜已然形、……」

「〜已然形」の下に逆接（のに・けれども）を補って訳します。

例 人**こそあれ**、……（人がいる**けれども**、……）

「逆接」は読解するうえでも、とっても大事です。

たとえば、現代語で「国語のテストの点数はよかった**けれども**、数学は…」と言えば、途中で切れていても、「数学のテストの点数は良くなかったんだな」とわかりますよね。「けれども」という逆接があるからです。

古文でも同じ。よって、逆接がわかると、続きがある程度予測できます。

「こそ〜已然形、……」は、直接「逆接」の言葉が書かれているわけではないため、補わなければいけません。つまり、「覚えている人にしかわからない逆接」なのです。

だからこそ、読解の強力な手助けになってくれますので、しっかりおさえておきましょう。

接続助詞 「ば」「とも」「ど」「ども」「ものの」「ものを」「ものから」「ものゆゑ」「ながら」「を」「に」「で」「て」「して」「つつ」「が」

接続助詞は、前後の文や文節をつないで、その前後が意味上どのような関係になるかを示す働きをします。代表的な働きとして「**順接**」と「**逆接**」があります。

「順接」は、前の内容を受けて、後ろに適切に予想される結果がくるものです。現代語で「徹夜をした**ので**、とても眠たい」というときの「**ので**」は順接です。徹夜をすると、眠たいのは当然ですね。素直に予想できる結果が続きます。

一方、「逆接」は、前の内容を受けて、意外な結果がくるものです。たとえば、「薬を飲んだ**のに**、なかなかよくならない」の「**のに**」が逆接です。

❶「ば」

接続助詞「ば」の働きは「**順接**」です。「ば」が文中に出てきたら、**上の語の活用形**を必ず確認しましょう。

「**未然形＋ば**」は「**～ならば**」と訳す**順接仮定条件**、「**已然形＋ば**」は「**～ので・ところ**」などと訳す**順接確定条件**です。

「仮定条件」とは、「仮」の話のことです。「もしも」の話ですね。一方、「確定条件」は、既に成立している話のことです。

「順接確定条件」には、「原因・理由」（～ので）、「偶然条件」（～ところ）、「恒常条件」（～といつも）がありますが、「恒常条件」はあまり出てきませんので、ひとまず「**ので**」か「**ところ**」のピッタリくるほうで訳しましょう。

例を見ながら確認しましょう。

例 「摂政・関白すべきもの**ならば**《未然形》、この矢当たれ。」（「摂政・関白になるべき運がある**ならば**、この矢よ、当たれ。」）

例 穢《きたな》き所の物きこしめし**たれば**《已然形》、御心地悪しからむものぞ。（けがれた人間界の食べ物を召し上がった**ので**、お気持ちも悪いだろう。）

②「とも」「ど」「ども」

「終止形＋とも」は**「たとえ〜としても」**と訳す**逆接仮定条件**、**「已然形＋ど・ども」**は**「〜のに・けれど」**と訳す**逆接確定条件**です。

例 とどめたまふ**とも**、とまるべきにてあらず。（**たとえ**とどめなさったと**しても**、とまるべきことではない。）

例 神のごとくに言へ**ども**、道知れる人はさらに信もおこさず。（神のように言う**けれど**、道理がわかっている人はまったく信用しない。）

③「ものの」「ものを」「ものから」「ものゆゑ」

「ものの」「ものを」「ものから」「ものゆゑ」などの**「もの」で始まる接続助詞**も、古文では「のに・けれど」と**「逆接」**で訳す場合が多いので、まずは**「逆接」**から考えてみてください。それがおかしければ、「ので」と**「順接」**にしましょう。

例 言少なる**ものから**、さるべきふしの御答へなど浅からず聞こゆ。（口数は少ない**が**、しかるべき折のお返事など十分な心配りをして申し上げる。）

④「ながら」

「ながら」にも「〜のに」と訳す「逆接」の用法がありますが、それ以外にも現代と同じ「〜ながら」もあれば、「〜のまま」や「全部」と訳す場合もあります。

丸暗記になりますが、「**ながら**」＝「**〜のに・〜ながら・〜のまま・全部**」とすぐにいえるようにしておくと、このどれかでスラッと訳せるので便利です。

「ながら」＝「のに・〜ながら・〜のまま・全部」と
覚えておくと便利！

例 心には思ひ**ながら**、えせぬぞ。（心では思う**のに**、することができないよ。）

例 食ひ**ながら**文をも読みけり。（食べ**ながら**経典を読んだ。）

例 昔**ながら**つゆ変はることなきも、めでたきことなり。（昔**のまま**まったく変わらないことも、素晴らしいことである。）

例 二人**ながら**命を助けたり。（二人**とも**の命を助けた。）

「二人ながら」は「二人全部」ということですが、それだと不自然な日本語ですよね。
こういう場合は、「二人**とも**」と臨機応変に訳しましょう。
この**例**のように「**数量**＋**ながら**」の場合は、「**全部・～中**」の訳になることが多いです。

5 「を」「に」

「**連体形**＋**を**」「**連体形**＋**に**」は、「**～ので**」「**～のに**」「**～（した）ところ**」と、**順接・逆接・単純接続**といういろいろな用法がありますので、前後をしっかり訳して判断しましょう。

例 思ひくんじたる**を**、心も慰めむと……（ふさぎこんでいる**ので**、心を慰めようと……）

例 まかでなむとし給ふ**を**、いとまさらに許させ給はず。
（（桐壺の更衣が）退出しようとしなさる**が**、（帝は）まったく休暇を許可なさらない。）

例 馬を上せける**に**、道にして馬盗人ありて……（馬を京まで上らせた**ところ**、道中に馬泥棒がいて……）

6 「で」

最後にとっても大事な接続助詞。「**未然形**＋**で**」は、「**～ないで**」と訳す**打消接続**です。

例 言は**で**思ふぞ言ふにまされる（言わ**ないで**思うほうが、口に出して言うよりも気持ちはずっとまさっている）

「で」の一文字に打消の意味が入っていますので、**これを忘れてしまうと文の意味が正反対になってしまいます。**
「**で**」＝「**～ないで**」を忘れないようにしましょう。

思ひは少し薄くなりぬるに
や
あらむ
助詞に注目…！
大事だぞっ
困る
人
も
こそ
あれ

「終助詞」「副助詞」「間投助詞」を学ぼう！

前回に続いて、今回も「助詞」を学びます。
今回は、「終助詞」「副助詞」「間投助詞」の主な用法をいくつか紹介します。

終助詞 「ばや」「てしがな」「にしがな」「なむ」「もがな」「な」「そ」「かし」「かも」「かな」「や」「は」

終助詞は、名前のとおり**文末**にあるのが目印です。活用もしないので、わかりやすいですよ。
意味別にまとめて学びましょう。

1 自己願望「ばや」「てしがな」「にしがな」

「**未然形**＋ばや」「**連用形**＋てしがな・にしがな」は、「〜（し）たい」と訳す自己の願望。
「てしがな・にしがな」は、「てしが・にしが」の形になることもあります。

例 花の名残をも見**ばや**。（花の名残を見**たい**。）

例 この桃、わが園に移し植ゑて、種をも取り**てしがな**。（この桃を、私の園に移し植えて、種を取り**たい**。）

例 命惜しむと人に見えずもあり**にしがな**。（命を惜しんでいると人に思われずにい**たい**。）

2 他者願望「なむ」

「**未然形**＋なむ」は、「〜（し）てほしい」と訳す他者への願望。

例 雪降ら**なむ**。（雪が降って**ほしい**。）

❸ 状態願望「もがな」

「もがな」は、さまざまな語につき、「**〜があればなあ**」などと訳す状態への願望です。

「もがな」が**名詞**につくときは、「**〜があればなあ・〜がいればなあ**」と訳します。

名詞以外につくときは、「〜であればなあ」と訳します。

「もがな」は、「**もが・がな**」の形になることもあります。

例 み吉野の山のあなたに宿**もがな**（吉野の山の向こうに宿**があればなあ**）

❹ 禁止「な」「そ」

「な」「そ」は**禁止**の終助詞です。

「な」は現在と同じなので、わかりやすいですね。

「そ」は、「**な言ひそ**」のように副詞「**な**」とセットで使用する場合が多いです。

「な〜**そ**」＝「〜**するな**」と覚えておくとよいですね。

例 ゆめゆめ人に聞かせたまふ**な**。（決して人に聞かせなさる**な**。）

例 いたくな叱り**そ**。（あまり叱る**な**。）

❺ 念押し「かし」

「かし」は「〜よ」「〜ね」と訳す**念押し**の終助詞ですが、文中に出てきたら、頭の中で「！」に変換しましょう。

「よいですよね」も「よいです！」も、大筋は違いませんね。「**かし**」＝「**！**」です。

例 何の見所も無し**かし**。（何の見所もない**よ**。➡ 何の見所もない**！**）

6 詠嘆「かも」「かな」「や」「は」

「かも」「かな」「や」「は」などは**詠嘆**の終助詞です。

例 あさましきこと**かな**。（驚きあきれること**だなあ**。）

例 そら泣きし給ひける**は**。（うそ泣きしなさった**よ**。）

「**かも**」は、「**か**」だけで使ったり「**も**」だけで使ったりもします。

また、「**かな**」は、「**な**」だけで使うこともあります。

「**や**」には疑問や反語の意味もあるので気をつけましょう。

どれになるかは文脈判断が必要ですが、訳してみればわかるはずです。

ちなみに、この「や」は係助詞「や」の文末用法、間投助詞「や」の文末用法とする説もあります。ひとまず、文末の「や」が出てきたら、「疑問」「反語」「詠嘆」の中からピッタリくる訳を見つけましょう。

副助詞 「だに」「すら」「さへ」「し」「のみ」「ばかり」「など」「まで」

副助詞は、様々な語について、いろいろな意味を添える語です。ですから、どのような意味を添えるのかをおさえることがポイントです。

副助詞の中で、特に大事な「だに」「すら」「さへ」「し」を学習しましょう。

まずは「**だに**」「**すら**」「**さへ**」から。「**だに**」「**すら**」は「**〜さえ**」と訳し、「**さへ**」は「**〜までも**」と訳します。

「さへ」は「さえ」ではないことがポイント。文法問題でひっかけ選択肢がよくありますので、ひっかからないようにしましょう。

❶「だに」「すら」

A 類推

「**類推**」というのは、「軽い例をあげるので、重い例がもっとそうだとわかってね（もしくは「重い例はいわなくてもわかるよね」）」というものです。

「子供で**さえ**わかる」といわれたら、「まして大人なら当然わかるよね、と言いたいのだな」と理解できますよね。これが「**類推**」です。

類推の「だに・すら」は、「**まして**」（もしくは、「**まいて**」）と一緒に用いる場合が多いです。図式化すると次のようになります。

A だに（すら） B
≧↔ まして（まいて） ＝
C はなおさら B

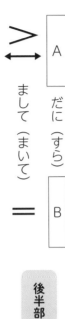

後半部分が特にいいたいことですよね。

「まして」以降の後半部分が省略されている場合もありますが、その場合も後半部分をきちんと考えましょう。

[A]と対比して[A]より重いものが[C]、当然どうなのかは「だに（すら）」の下の[B]と同じです。

例 宮司など**だに**も、参り仕ることもかたくなりゆけば、まして下衆の心にはいかがはあらむ。

（東宮坊の役人で**さえ**、出仕することも難しくなったので、まして身分が低い者の心ではどうだろうか（＝出仕できるわけがない）。）

B 最小限の限定

「**だに**」には、もう一つ「**せめて〜だけでも**」と訳す「**最小限の限定**」の用法もあります。

「だに」が出てきたら、**下**を確認しましょう。

「**意志・仮定・願望・命令**」のどれかがあれば「**最小限の限定**」です。なければ「類推」です。

例 絵の具**だに**あらば（未然形＋ば 仮定）、描きなまし。（**せめて**絵の具**だけでも**あるならば、描いただろうに。）

❷「さへ」

「さへ」は、「**〜までも**」と訳す「**添加**」です。

例 真名も仮名も好もしく、今めかしき方**さへ**添ひてすぐれておはしましき。

（漢字も仮名も達筆で、今風なこと**までも**すぐれていらっしゃった。）

❸「し」

「**しも**」「**しぞ**」や「**AしBば**」の「**し**」は**強意**の副助詞で、訳す必要はありません。

文中に出てきたら、上から×で消してしまいましょう。

単独でも出てきますが、**省いても問題ない「し」＝強意の副助詞**です。

例 浅茅生の野辺に~~し~~あれば水もなき池に摘みつる若菜なりけり

（浅茅の生えた野原なので、水もない池で摘んだ若菜であることよ）

また、「しも」で一語の副助詞とする説もあります。

間投助詞「や」「こそ」「よ」「を」

間投助詞は、文中や文末にあり、語調を整え、呼びかけ・詠嘆などの意味を添えますが、入試ではほぼ問われませんのでサラッと確認しておきましょう。

❶「や」

例 鳰《にほ》の海**や**月の光の移ろへば波の花にも秋は見えけり

（鳰の海〔＝琵琶湖〕よ、月の光が映ると、（いつも白くて秋の色がないといわれる）波の花〔＝波のこと〕にも秋が感じられるなあ）

❷「こそ」

例 「北殿**こそ**、聞き給ふや」（北殿**さん**、聞いていらっしゃるか。）

※この呼びかけの「こそ」は接尾語とする説もあります。

「敬語」の種類

「敬語」とは、敬意を表す語です。たとえば、友人には「おはよう!」、先生や先輩には「おはよう**ございます**」と言うように、相手によって使う言葉を変えていますよね。この場合、「ございます」が敬語です。先生や先輩を敬って「ございます」を使っているのです。

さて、「**敬語**」には「**尊敬語**」「**謙譲語**」「**丁寧語**」の三種類があります。

古文を正しく読解するためには、敬語を見て、敬語の種類がすぐにわかる必要があります。**古文は主語や客体（＝動作の相手。「〜に」や「〜を」にあたる）が省略されていることが多い**のですが、それらを**敬語の種類によって判断する**場合があるからです。そのためにも、敬語の種類がわかっていることが重要なのです。

❶「**尊敬語**」……**主語を敬う敬語**
❷「**謙譲語**」……**客体を敬う敬語**
❸「**丁寧語**」……**対者を敬う敬語**

それぞれの「敬語」の働きは、次のようになっています。

❶「尊敬語」が使用されている場合

例「よき後見なり」と**のたまふ**。（「よい後見人である」と**おっしゃる**。）

主語が書いていなくても、**地の文**〔＝会話文以外の普通の文〕であれば**作者にとって敬いたい人**、**会話文**であれば**話している人にとって敬いたい人**が主語だと判断できます。この場合は、「おっしゃった人」が、作者にとって敬いたい人です。

❷「謙譲語」が使用されている場合

例 御返り**聞こえさせ**ず。（お返事は**差し上げ**ない。）

客体が書いていなくても、**地の文**であれば**作者にとって敬いたい人**、**会話文**であれば**話している人にとって敬いたい人**が**客体**だと判断できます。この場合は、「返事を差し上げるべきだった相手」が、作者にとって敬いたい人です。

❸「丁寧語」が使用されている場合

例 「乱り心地いと苦しくなり**はべりぬ**。」（「気分がとても悪くなり**ました**。」）

地の文であれば**読者**に対する敬語なので、読解する上ではある意味どうでもよいのですが、会話文にあれば、**そのセリフを聞いている人**に対する敬語です。

よって、誰に話しかけているかが書かれていなくても、**話している人にとって敬いたい人**が**話し相手**だと判断できます。この場合は、「セリフを聞いてくれている人」が、話している人にとって敬いたい人です。

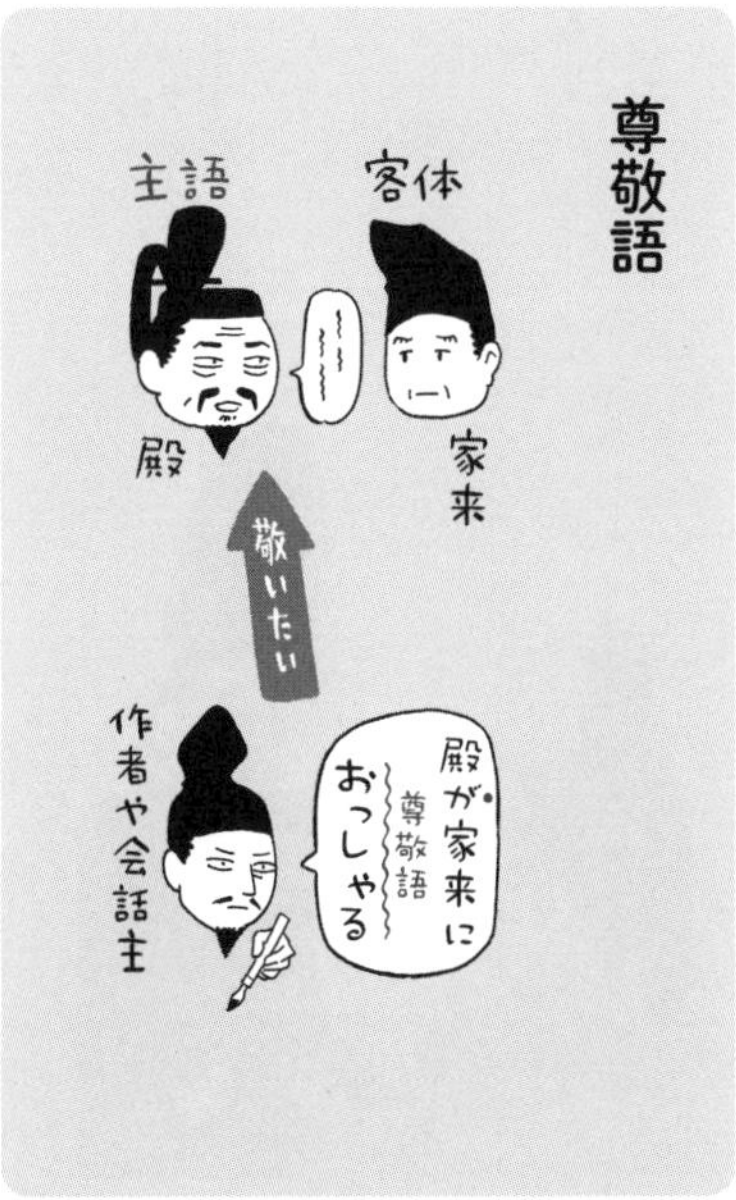

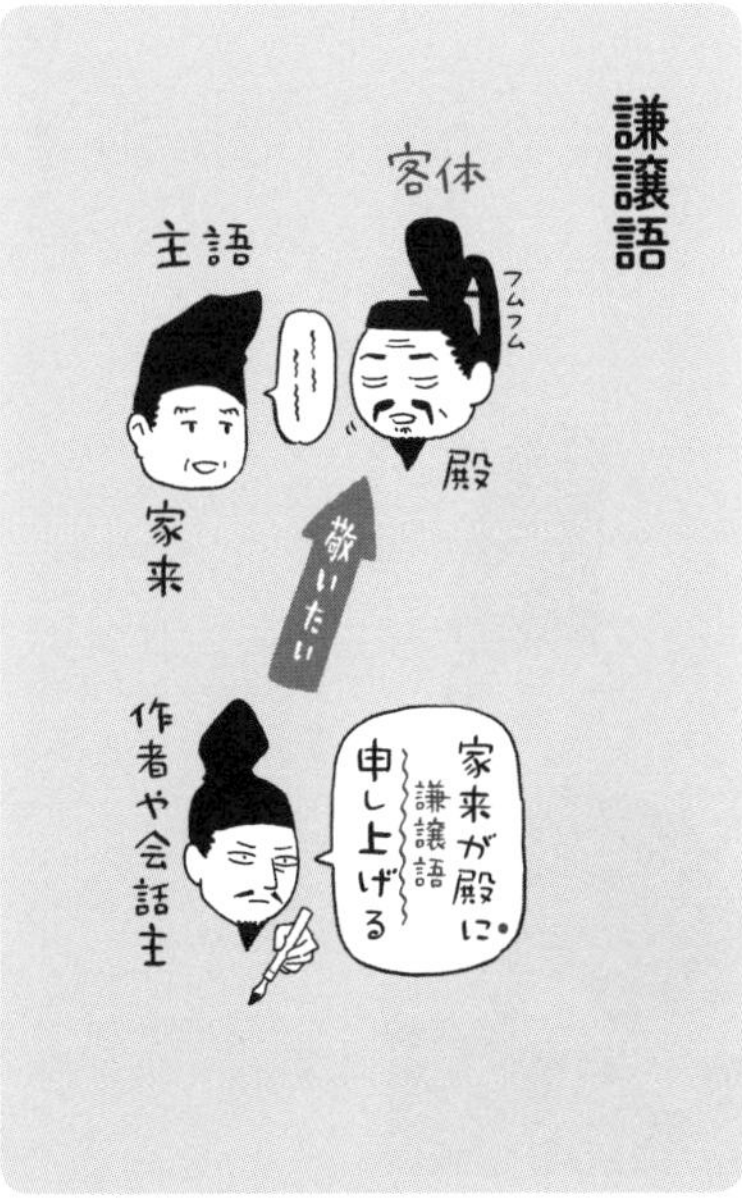

読解のポイント

「敬語」が使われている文で注意したいのは、**地の文で一度敬意を払った人物**には、通常**最後まで敬意を払い続ける**ということです。

たとえば、敬意を払う人物が一人しか出てこない文章だと、尊敬語がある部分の主語はその人だとわかります（まれに例外はありますが）。

よって、古文を読むときには、**登場人物が出てくる度に、敬意を払う人物かどうか**を確認しましょう。

以上をふまえて、実際に読解してみましょう。


まずは、天皇と家来の二人だけが出てくる話として、次の**例1**を見てください。

例1 「文を見せよ」と**のたまひ**ければ、**奉り**けり。
（「手紙を見せよ」と**おっしゃっ**たので、**差し上げ**た。）

「**のたまふ**」は、「言う」の**尊敬語**で「おっしゃる」と訳します。

主語が書いていませんが、「文を見せよ」とおっしゃったのは、どちらかわかりますね？

尊敬語なので、「**言った人**」＝**敬いたい人**だと判断できます。つまり、「**天皇が**」おっしゃったのです。

そして、この「**奉る**」は、「与ふ」の**謙譲語**で「差し上げる」と訳します。

謙譲語なので、「**差し上げた相手**」＝**敬いたい人**です。つまり、「**家来が、天皇に**」差し上げたのだとわかるのです。


また、同じく天皇と家来の二人だけの場合、次の**例2**は、それぞれどちらのセリフでしょうか？

例2 「こは黒主《くろぬし》が歌か」「しか侍り」（「これは大伴《おおともの》黒主の歌か」「そうでございます」）

主語も客体も書かれていませんが、敬語に注目するとわかりますよね。

「こは黒主が歌か」には敬語が使われていません。つまり、**聞いている相手を敬っていない**のです。

よって、「天皇が**家来に**」話しかけたセリフですよね。

例1

例2

一方、「しか**侍り**」の「**侍り**」は、「あり」の**丁寧語**で「〜（で）ございます」と訳します。

丁寧語なので、「**聞いている人**」を敬っています。つまり、「**家来が天皇に**」話しかけたセリフです。


古文読解で挫折してしまう人の多くが、「主語や客体が書いていないから、読んでいても『誰が誰に』なのかが全然わからなくて、意味不明」といいます。

その理由の多くは「敬語」の理解不足にあります。

せっかく敬語の訳は覚えたのに、「誰に対する敬語か」という決まりを知らないために読解で使えていないという、もったいないパターンもあります。


みなさんには、敬語の大切さがわかってもらえたと思います。単なる文法ではなく、読解する上でとても大切なのです。

読解のためにも敬語をしっかりマスターしましょう。

「本動詞」と「補助動詞」を理解しよう！

さて、敬語には「**本動詞**」と「**補助動詞**」があります。まずはこの二つを区別するところから始めましょう。


用言や助動詞などにくっついて、補助的に意味を添える動詞を「**補助動詞**」といいます。

補助的に意味を添えているだけですので、大筋を取りたいだけの場合は、**補助動詞は無視すればよい**です。


現代語の例をあげてみましょう。

● 先生が言い**なさる**。

「言い**なさる**」の「**なさる**」が敬語の補助動詞にあたります。「言う」に尊敬の意味を添える働きをしていますが、大筋を取りたいだけならば、「なさる」を省いて「言う」でＯＫですね。

一方、本来の動詞の意味を持っているものが「**本動詞**」。**本動詞は省略できません**。

同じく、現代語の例で考えてみましょう。

● 先生が**おっしゃる**。

「**おっしゃる**」が敬語の本動詞。「おっしゃる」＝「言う」です。

この場合、「おっしゃる」を省いてしまうと、「先生が、どうしたの？」となってしまいますよね。これが「**本動詞**」です。

「本動詞」はそれぞれの単語と訳を一つひとつ覚える必要がありますが、「補助動詞」は次の代表的なものをおさえると、それらが用言や助動詞などにくっついていれば「敬語の補助動詞」だと気づけるようになりますよ（例外や他の形にくっつく場合もあります）。

まずは「補助動詞」をマスターしてしまいましょう。

「補助動詞」をマスターする

代表的な敬語の補助動詞をあげておきます。

❶ 尊敬語（〜なさる・お〜になる）＝ 給《たま》ふ・おはす・おはします
❷ 謙譲語（〜し申し上げる・お〜する）＝ 奉《たてまつ》る・申す・参《まゐ》らす・聞こゆ
❸ 丁寧語（〜です・ます・ございます）＝ 侍《はべ》り・候ふ（さぶらふ・さふらふ・さうらふ）

さて、ここまでわかったところで、一つ注意しなければならないことがあります。

それは「給ふ」は、二種類あるということです。

補助動詞の「給ふ」は、右にあるように**尊敬語**ですよね。ですが、実は、**謙譲語**の場合もあるのです。

では、どうやって見分ければいいのでしょうか？　答えは「**活用の種類**」です。

四段活用が尊敬語、下二段活用が謙譲語です。

基本的にはほとんど尊敬です。文章を読んでいて出てくる「給ふ」の多くは尊敬です。ですが、謙譲もあって、活用の種類で見分けることも覚えておきましょう。表にまとめると、次のようになります。

敬語の種類	活用の種類	未然形	連用形	終止形	連体形	已然形	命令形
尊敬語	**四段**活用	**は**	**ひ**	**ふ**	**ふ**	へ	へ
謙譲語	**下二段**活用	へ	へ	○	**ふる**	**ふれ**	○

謙譲語の「給ふ」は終止形と命令形はありません（きわめてまれに終止形がありますが、「ない」と思っていてかまいません）。

「給**は**・給**ひ**・給**ふ**」は**尊敬語**、「給**ふる**・給**ふれ**」は**謙譲語**です。

「給**へ**」はどちらにもあるので、**活用形**を確認しましょう。**未然形**か**連用形**なら**下二段＝謙譲語**、**已然形**か**命令形**なら**四段＝尊敬語**ですね。

謙譲語の「給ふ」の訳は、通常の「～し申し上げる・お～する」ではなく、「**～ます**」となります（「**～させていただく**」の場合もあり）。「～ます」は丁寧語の訳し方ですよね。ですが、種類は「謙譲語」なので気をつけましょう。

他に特徴的なこととして、謙譲語の「給ふ」は**会話文中**（もしくは、それに準ずるもの）にしか出てきません。そして、「**思ふ**」「**覚ゆ**」「**見る**」「**聞く**」「**知る**」の動詞にしかつきません。

これらを覚えておくと、尊敬語か謙譲語かを判別する方法として使えますよ。

「給ふ」の判別方法まとめ

●地の文ならば「尊敬語」

●「思ふ」「覚ゆ」「見る」「聞く」「知る」以外についていたら「尊敬語」

尊敬語の「給ふ」は、地の文、会話文どこにでも出てきますし、「思ふ」などの動詞にもつきますので、「会話文中だから謙譲語」、「思ふ・覚ゆ・見る・聞く・知るについているから謙譲語」は×です。

例 「身をばともかくも思ひ**たまへ**ず。」（「自分のことはなんとも思い**ません**。」）

※「ず」の上は**未然形**なので、この「**たまへ**」は**下二段＝謙譲語**。

例 「昇らむをだに見送り**たまへ。**」（「せめて天に昇るのだけでも見送り**なさい**ませ。」）

※会話文だが「**見送り**」についているので、この「たまへ」は**尊敬語**。

※「。」の上で**命令形＝四段＝尊敬**でもOKだが、パッと見でわかる上の動詞から判断するほうが便利！

注意したい「本動詞」

ここからは、注意したい本動詞について確認します。

❶「奉る」「参る」

本動詞の「奉る」「参る」にも、**尊敬語**と**謙譲語**があります。

衣装・食事・乗り物関係、つまり、着る・食べる・飲む・乗るの意味の場合は**尊敬語**で、「**お召しになる**」「**召し上がる**」「**お乗りになる**」と訳します。

それ以外が**謙譲語**で「**差し上げる**」と訳します。

「**参る**」には「**参上する**」の訳もあり、「**場所**に**参る**」だと「参上する」ですね。「参る」が謙譲語のときは文脈判断が必要なので、気をつけましょう。

例 **御輿**《こし》に**たてまつり**てのちに……（御輿に**お乗りになっ**た後に……）

例 「命を**奉らん**。」（「命を**差し上げ**よう。」）

例 石山に**参る**。（石山寺に**参詣する**。）

また、衣装・食事を「差し上げる」場面であれば**謙譲語**です。あくまでも、着る・食べる・飲むの場合が**尊敬語**です。

❷「侍り」「候ふ」

本動詞の「侍り」「候ふ」には、**丁寧語**と**謙譲語**があります。

「**貴人／貴人がいる場所**（**宮中など**）**に侍り・候ふ**」の場合は**謙譲語**で、「**お仕えする**」「**お控えする**」と訳します。それ以外が**丁寧語**で、「**あります**」「**おります**」と訳します。

例 さても**親王にさぶらひ**てしがな。（そのまま親王のそばに**お控えし**たい。）

例 人々しき身ならねば、異名**侍り**。（人並みの身ではないので、あだなが**あります**。）

ちなみに、**補助動詞**「**奉る**」は**謙譲語**のみ、**補助動詞**「**侍り**」「**候ふ**」は**丁寧語**のみですよ。どちらも、本動詞の場合に気をつけましょう。

その他の敬語は、巻末付録の「おもな敬語動詞一覧表」を参考に、種類と訳をしっかり覚えてください。現代語の敬語を使いこなせる人は、訳がわかれば必然的に種類はわかるはずなので、訳だけでOKです！

第1章 内容チェック

次の❶～⓲の□にあてはまる言葉を、それぞれ答えましょう。

❶「ゐ・ゑ」は□行の文字。

答 ワ
復習 1 10～11ページへ

❷ 名詞の別名を「1言」、動詞・形容詞・形容動詞の別名を「2言」という。

答 1体　2用
復習 1 15ページへ

❸ 動詞の「活用の種類」は、□活用・□活用・□活用・□活用・□活用・□活用・□活用・□活用・□活用の九種類。

答 四段・上二段・下二段・上一段・下一段・カ行変格・サ行変格・ナ行変格・ラ行変格〈順不同〉
復習 1 19～22ページへ

❹ 四段・上二段・下二段動詞の「活用の種類」は、「1」をつけたときの2の音で見分ける。

答 1ず　2上
復習 3 23ページへ

❺ 文中に係助詞「こそ」があったら、文末の活用形は□形。

答 已然
復習 4 24ページへ

❻「やは」「かは」は□の意味になることが多い。

答 反語
復習 4 26～27ページへ

❼ 形容詞には「□活用」と「□活用」がある。

答 ク・シク〈順不同〉
復習 5 28ページへ

❽ 形容動詞には「□活用」と「□活用」がある。

答 ナリ・タリ〈順不同〉
復習 5 29ページへ

❾ 未然形接続の助動詞は、「る・1・す・2・しむ、む・むず、ず、じ、まし、3」。

答 1らる　2さす　3まほし
復習 5 34ページへ

❿ 例「夜ひと夜、寝も寝られず。」の「られ」は、「□」の意味の助動詞。

答 可能
復習 7 36～37ページへ

⓫ 例「月の出たらむ夜は」の「む」は、「□」の意味の助動詞。

答 婉曲
復習 7 38～39ページへ

⓬ 格助詞「の」には、□格・□格・□格・□格・□格の五つの用法がある。

答 連体（修飾）・準体・主・同・連用（修飾）〈順不同〉
復習 8 47～49ページへ

⓭ 接続助詞「ば」があれば、上の語の活用形を確認して、「1形＋ば」なら、2接3条件。

答 1未然　2順　3仮定
復習 8 52ページへ

⓮ 願望の終助詞には、「自己願望」「他者願望」「状態願望」の三種類があり、「1形＋ばや」「連用形＋てしがな・にしがな」は、2願望の終助詞。

答 1未然　2自己
復習 9 56～57ページへ

⓯ 副助詞「だに」の下に「意志・□・願望・命令」のどれかがあれば、「最小限の限定」の用法になる。

答 仮定
復習 9 60ページへ

⓰ 謙譲語は、□を敬う働きの敬語。

答 客体
復習 10 62～63ページへ

⓱ 例「身をばともかく思ひたまへず。」の「たまへ」は□語。

答 謙譲
復習 10 67～68ページへ

⓲ 本動詞の敬語「奉る・参る」で、「着る・食べる・飲む・乗る」の意味の場合は□語。

答 尊敬
復習 10 68～69ページへ

第2章

古文読解の方法

1 主語をつかんで読んでいく

2 省略されているものを補う

3「セリフ」「心内語」と「地の文」を分けよう

4 指示語を意識しよう

5 古文単語の意味を理解しよう

まずは登場人物のチェックから！

現代語で書かれた文章（たとえば、小説など）の読解では、「登場人物」の確認が大切ですね。古文を読むときも、「登場人物」をしっかり確認しましょう。

登場人物チェックのポイント

① 登場人物を□などで囲んでおく

人物名が出てきたら、□などで囲んで印をつけておくといいですよ。
ただし、次のように、姓名がそのまま書かれていない場合もあります。

- 官職名で書かれている　例 三位中将・大納言
- 性別で書かれている　例 男・女
- 代名詞で書かれている　例 我・かれ
- 間柄で書かれている　例 妻・母

また、同じ人物が違う呼び方になっていることもあるので、注意しましょう。

② リード文（前書き）もヒントにする

入試問題などでは、本文の前にリード文（前書き）がつけられていることがあります。

リード文（前書き）には、登場人物同士の関係や置かれている状況、これまでのできごとなど、さまざまな情報がつまっています。

この部分も、登場人物の把握にとても役立ちます。

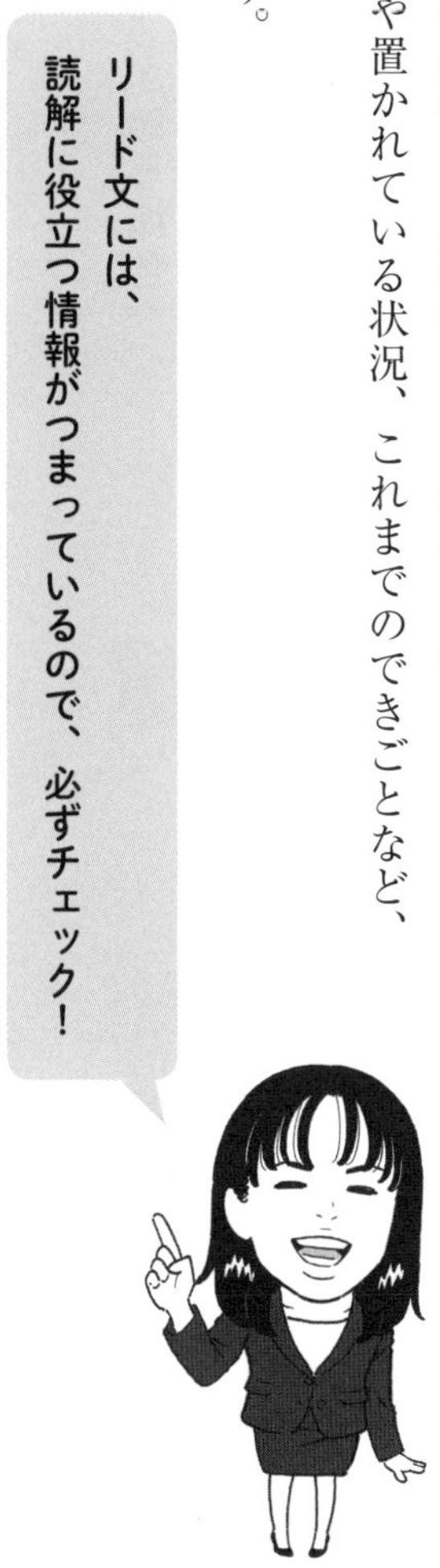
リード文には、
読解に役立つ情報がつまっているので、必ずチェック！

古文は省略が多い……

第1章10「敬語」でもお伝えしましたが、**古文は主語や客体が書かれていないことが多く、省略が多い**のです。

ですから、誤読をしないためにも、**主語つかむ**ことを意識して読んでいきましょう。


書かれていない主語や客体を「**敬語**」によって判断する方法は、62〜69ページで学習しましたね。

ただし、いつも「敬語」によって判断できるわけではありません。敬語が出てこない文章もあれば、出てくる人物が偉い人ばかりで、全員に敬意を払っている場合もあります。

その場合は、「敬語」をヒントにして主語や客体を割り出すことが不可能ですよね……。

そこで、「**敬語**」**以外から主語をつかむ方法**を紹介します。

「敬語」以外から「主語」をつかむ方法

❶「人物、〜」の場合

「人物、〜」となっていれば、その人物が「主語」である可能性が高いです。

「絶対」というわけではありませんが、**まずは「が」を入れて読んでいきましょう。**

どうしても変だったら、他の可能性を考える（「や」や「を」などを入れてみる）とよいですが、ほとんどの場合、そのままスラッと読めるはずです。

例 登蓮《とうれん》、物の怪めかしき病をす。（**登蓮が**、物の怪がついたらしい病気になる。）

❷「て」「で」「つつ」がある場合

接続助詞「て」「で」「つつ」が使われているときは、その前と**主語が同じまま**の場合が多いのです。

もちろん例外はありますが、まずは同じ主語で読んでいけばよいです。

ただし、この場合も、どうしてもおかしければ、違う主語を入れてみましょう。

例 親ありて、思ひもぞつくとて、この女をほかへ追ひやらむとす。
（ある男の）**親がいて**、（**親は**息子が女に）恋い慕う気持ちがつくと大変だと思って、（**親は**）この女をよそに追い出そうとする。）

❸「を」「に」「ば」の上に、「心情語」か「体言」がある場合

「を」「に」「ば」が使われているときは、**主語が変わりやすい**です。

例 この殿〈＝道長〉渡らせ給へれば、中関白殿〈＝道隆〉思しおどろきて……
（この殿〈＝**道長**〉がいらっしゃったので、**中関白殿**〈＝**道隆**〉は驚きなさって……）

ただし、それらの上が「**心情語**」か「**体言**」だった場合は、**主語が同じままであることが多い**です。

これらも、あくまで「多い」ですが、このルールを使うと断然読みやすくなりますよ。

例
男、夜も寝られず、**悲しうおぼえければ**、かく詠みたりける……
（**男が**、夜も寝られず、悲しく思われたので、（**男は**）このように詠んだ……）

④ 同じような表現がくり返し出てくる場合

たとえば、現代語で「Aさんが**書く**」と出てきた後に、違うところで「**書いたときに**」と同じような表現が出てきた場合は、主語が同じAさんであることが多いですよね。
古文でも、**同じような表現**がくり返し出てくる場合には、**主語が同じである可能性が高い**のです。

例
この姑の、**老いかがまりてゐたる**を……〈中略〉。このをば、いといたうおいて、**二重にてゐたり**。
（この**姑**が、**年老いて腰が曲がっている**のを……〈中略〉。この**おば**が、たいそうひどく**年老いて**、**腰が折れ曲がっていた**。）
この「**姑**」と「**おば**」は**同一人物**です。違う呼び方になっていますが、同じような表現に気づけると、同じ人物であることがわかりますね。

あとは、最初に読んだときに主語が不明でも、**保留にしてそのまま読み進めていきましょう**。後ろの部分に書いてあったり、後ろの内容がヒントとなったり、後ろを読んで判断できる場合も多いのです。
それでは、以上をふまえて、実際に古文の文章を一緒に読んでいきましょう。

読解練習

次の文章は『源氏物語』の一節で、主人公の光源氏が、惟光《これみつ》の朝臣《あそん》などの家来と出歩いている場面である。

リード文に二人の人物の名前が登場！人間関係の把握も重要。惟光は光源氏の家来です。

冒頭から主語が書かれていないときには、主語は「主人公」である場合が多いですよ。

日も**いと**長き(形容詞)に**つれづれなれ**(形容動詞)**ば**、［光源氏は］夕暮れの**いたう**(形容詞)霞《かす》み**たる**(存続)にまぎれて、かの**小柴垣**《こしばがき》のもとに立ち出《い》で**給ふ**(尊敬語)。［光源氏は］**人々**(＝惟光以外の家来)は帰し**給ひ**(尊敬語)て、**惟光の朝臣**とのぞき**給へ**(尊敬語)**ば**、／**ただ**この**西面**《にしおもて》に(体言＋に)~~し~~も(強意)、**持仏**《ぢぶつ》据ゑ(ワ行下二段)**奉り**(謙譲語)て**行ふ**［尼］**なり**(断定)**けり**(詠嘆)。［尼は］簾《すだれ》少し上げて、花**奉る**(謙譲語)**めり**(推定)。［尼君は］中の柱に寄り居《ゐ》(ワ行上一段)て、**脇息**《けふそく》の上に経を置きて、いと**なやましげに**(形容動詞)読みゐ(ワ行上一段)

光源氏には敬意を払っていることを確認しましょう。

リード文と尊敬語から主語を判断。

主語「？」のまま、ひとまず読んでいく。

尼には敬意を払っていないことを確認しましょう。

主語が「尼」だと判明

前の文と尊敬語がないことから類推。

「て」と後ろの部分からわかる。

語句と文法の確認

いと＝とても・たいそう

つれづれなり＝退屈だ

いたし＝程度がはなはだしい

※「いたう」は、「いたし」の連用形「いたく」のウ音便。

小柴垣＝細い雑木の枝を編んで作った丈の低い垣根

ただ＝ちょうど

西面＝西向きの部屋

持仏＝身近に置いて、いつも信仰している仏像

行ふ＝仏道修行をする。勤行《ごんぎょう》する

奉る＝差し上げる

※「与ふ」の謙譲語。

脇息＝肘掛け

なやましげなり＝苦しそうだ

ただ人＝普通の身分の人

あてなり＝上品だ

面つき＝顔つき

まみ＝目もと

なかなか＝かえって

こよなし＝はなはだしく違う

※「こよなう」は、「こよなし」の連用形「このなく」のウ音便。連用形「こよなく」（＝この上なく）の形で用いられることが多い。

今めかし＝現代風だ

あはれなり＝しみじみと感じ入る

たる尼君、ただ人と見えず。四十《よそぢ》余《あまり》ばかりにて、いと白うあてに、やせたれど、面《つら》つきふくらかに、まみのほど、髪のうつくしげにそがれたる末も、「なかなか長きよりもこよなう今めかしきものかな。」と、光源氏は、あはれに見給ふ。

存続　打消　断定　形容詞　形容動詞　存続　（逆接）　形容動詞　形容動詞　受身　存続　形容詞　形容詞　形容詞　詠嘆　形容動詞　尊敬語

☜ここまでに尊敬語がないので、尼の様子だと判断する。

敬語の有無で主語の把握ができる文章の場合は、カッコとじの後ろの敬語の有無を確認しましょう。

☝尊敬語があることから、この「　」の主語は光源氏だとわかる。

現代語訳

日もたいそう長く退屈なので、（光源氏は）夕暮れでひどく霞がかっているのにまぎれて、あの小柴垣の所に出かけなさる。（光源氏は）お供の人たちは帰しなさって、惟光の朝臣と（家の中を）のぞきなさると、ちょうどこの西向きの部屋に、持仏をお置き申し上げて勤行するのは尼であるよ。（尼は）簾を少し上げて、花を（仏に）差し上げる（＝お供えする）ようだ。中の柱に寄りかかって座って、肘掛けの上に経を置いて、とても苦しそうに読経《どきょう》している尼君は、普通の身分の人には見えない。四十過ぎくらいで、とても色白で上品で、やせているが、顔つきはふっくらとしていて、目もとのあたり、髪がきれいに切りそろえられている端も、「かえって長いよりもこの上なく現代風であるものだなあ。」と、（光源氏は）しみじみとご覧になる。

2 省略されているものを補う

「が」「を」や、「こと」「もの」「とき」が省略されることもある

ここまで、省略されている主語や客体を補う方法を学習してきました。

さらに、古文では主語や客体だけではなく、「**が**」「**を**」などの助詞や、「**こと**」「**もの**」「**とき**」などの体言を省略する場合もあるのです。

現代語でもこれらを省略して話すことは、よくあります。

- ● これ、食べる？
- ● 私のはいらないけれど、妹のは買う。

私たちは、無意識のうちに、次のように言葉を補いながら理解しますね。

- ▼ これ**を**、食べる？
- ▼ 私の**もの**はいらないけれど、妹の**もの**は買う。

これと同じように、古文でも省略されているものを補いながら読んでいくと、内容がきちんと見えてくるのです。

とはいえ、現代語でも省略して話すことがよくありますから、古文でも神経質になりすぎなくても、慣れてくれば省略されていてもなんとなくわかるようになってきますので、安心してください。

「が」「を」や、「こと」「もの」「とき」が省略されている例

❶「が」の省略

例 帝おりさせ給ふと見ゆる天変あり。（帝**が**退位なさると思われる天空の異変がある。）

❷「を」の省略

例 車に装束疾うせよ。（車に準備**を**早くせよ。）

❸「こと」「もの」「とき」の省略

例 前栽の露はこぼるばかり濡れかかりたるも、いとをかし。
（庭の植え込みの露がこぼれるほど濡れかかっている**こと**も、とても趣がある。）

例 方違へに行きたるに、あるじせぬ所。（方違えに行った**とき**に、おもてなしをしない所。）

それでは、実際に古文の文章で見ていきましょう。

読解練習

次の文章は『枕草子』の一節で、**中宮定子**の弟の**中納言隆家**が、中宮のもとに参上した場面である。

中納言（が）参り（謙譲語）たまひ（尊敬語）て、（→）御扇（を）**奉らせ**（謙譲語）たまふ（尊敬語）に、（時）（→）「**隆家**こそ（中納言（隆家）が）**いみじき**（形容詞）**骨**は得てはべれ（丁寧語）（り）。それ（に紙）を張らせ（使役）て**参らせ**（謙譲語）む（意志）とするに、**おぼろけ**（形容動詞（語幹））の紙は**え**張る**まじけれ**ば、求めはべる（丁寧語）（体）なり（断定）。」と申し（謙譲語）たまふ（尊敬語）。

☜主体（中納言隆家）に対する敬意

☞尊敬語に相当。

☜省略された体言＋「に」なので、主語は同じ。

「と」の上の「む」は、意志の意味が多いですよ。

語句と文法の確認

中宮＝天皇の后

中納言＝官職名。大臣・大納言に次ぐ身分

奉らす＝差し上げる

※「与ふ」の謙譲語。「奉る」より敬意が強い。

いみじき骨＝ここでの「いみじ」は「素晴らしい・見事だ」のプラスの意味。「骨」は扇の芯となる竹。

参らす＝差し上げる

※「与ふ」の謙譲語。「参る」より敬意が強い。

おぼろけなり＝普通・ありふれている

※「形容動詞の語幹＋の＋体言」（おぼろけの紙）は、詠嘆の用法

え〜打消（まじ）＝〜できない

現代語訳

中納言（＝隆家）が（中宮のところへ）参上なさって、（中宮に）御扇を差し上げなさる時に、「私、隆家は素晴らしい（扇の）骨を持っています。それ（に紙）を張らせて差し上げようと思うが、ありふれた紙は張ることができないので、（よい紙を）探しているのです。」と（中宮に）申し上げなさる。

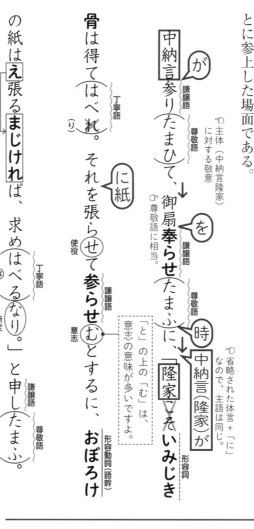

これも確認❶　「奉らせたまふ」の二つのとらえ方

「奉らせたまふ」には、この文章で出てきたように「奉らせ／たまふ」という場合と、「奉ら／せ／たまふ」となる場合があります。どちらになるかは、**「主体と客体のどちらの方が偉いのか」**で判断します。

❶主体の方が偉い場合……「奉ら／せ／たまふ」

▼奉ら《謙譲語》　せ《尊敬》　たまふ《尊敬語》

謙譲が一つ、尊敬が二つなので、**尊敬語の方が強い**ですね。
尊敬語は主語に対する敬意ですから、主語をより敬いたいとわかります。

❷客体の方が偉い場合……「奉らせ／たまふ」

▼奉らせ《謙譲語》　たまふ《尊敬語》

謙譲が一つ、尊敬が一つですが、「奉らす」は「奉る」よりも敬意が強いです。イメージとしては、「謙譲が二つある」と考えてください。
つまり、**謙譲が二つ**、**尊敬が一つ**で、**謙譲の方が強い**のです。謙譲語は客体に対する敬意ですから、客体をより敬いたい場合はこちらです。

ちなみに、この文章では、「(中納言が中宮定子に)御扇奉らせたまふ」となっていましたね。中納言と中宮定子では、どちらを敬うべきでしょうか。「**中宮**」は**天皇の后**ですし、なによりも、作者にとってのご主人さまは、中納言ではなく中宮定子なのです。

つまり、作者は客体の「中宮定子」の方を敬いたいので、「奉らせ／たまふ」と判断するのです。

これも確認❷ 天皇の奥様は「中宮」だけ？

昔の日本は一夫多妻制でしたので、天皇にももれなく奥様がたくさんいます。「**中宮**」は、その中でも**トップの奥様**です。次に、「**女御**《にょうご》」（エリートの娘たちで、この中から中宮が一人選ばれる）、「**更衣**」（もっとたくさんの女性）と、天皇の奥様ランクは続いていきます。つまり、中宮＝天皇のトップ・オブ・嫁ですから、基本的に中宮は一人です。

この文章にも**中宮定子**が出てきましたね。しかし、ここで注意したいことが一つあります。中宮定子は**一条天皇**の中宮なのですが、なんと、一条天皇にはもう一人中宮がいました。それが**中宮彰子**です。
天皇に「正妻」である中宮が二人立つというのは、この時代でも異例なことですが、藤原道隆の後ろ盾によって**定子**が、藤原道長の後ろ盾によって**彰子**が、それぞれ中宮になりました。
定子に仕えている女房（＝女性の召使い）で有名なのが**清少納言**。この文章『**枕草子**』**の作者**ですね。

彰子に仕えている有名な女房は**紫式部**。**『源氏物語』の作者**です。

清少納言と紫式部は「仲が悪い」とか「ライバル関係」のようなイメージで扱われますが、それぞれの主人が同じ天皇の中宮ですから、そういうイメージになるのもわかりますね。

ただし、実際は、この二人は仕えている時期が少し違うので、会ったことはありません。

これも確認❸ 成人男性が自分のことを「下の名前」で呼んでいた

現在でも、幼い子の中には、自分のことを「下の名前」で呼ぶ子もいますよね（大人の女性でもたまにいるかもしれません）。

しかし、一般的に大人の男性でそういう人は少ないのではないでしょうか？

ですが、古文では、**大人の男性も自分で自分のことを「下の名前」で呼んでいる**場合がけっこう多いのです。

この文章でも、中納言隆家の言葉の冒頭が、

▼ 隆家こそいみじき骨は得てはべれ。

となっていました。

現代の感覚で読んでしまうと、「隆家って言っているから、これを話している人は、隆家ではないはず……」と勝手に判断してしまいそうですよね。

もちろん、他の人が下の名前で呼ぶことも多々ありますので、全部が一人称になるわけではありませんが、「大人の男性が、自分のことを下の名前で呼んでもおかしくない！」ことを、ぜひ覚えておいてくださいね。

3 「セリフ」「心内語」と「地の文」を分けよう

カギカッコまで省略される？

古文は省略が多いという話はこれまでにもしてきましたが、主語や客体、「が」「を」などの助詞、「こと」「もの」「とき」などの体言だけではなく、**カギカッコ**も省略されている場合があります。

しかも、「全部きちんとついている」もしくは「全部省略されている」のであれば、統一されていて心づもりもしやすいですが、「同じ文章なのに、ちゃんとついているものと省略されているものが混在している」という、やっかいな場合もあります。

「カギカッコくらい、なくても別にかまわない」と思うかもしれませんが、カギカッコがわかっているほうが断然読みやすくなりますよ。

カギカッコをつけるべきなのは、「セリフ」や「心内語」です。「セリフ」は人物の発言のことで、「心内語」は口には出さない心の中にある言葉のことですね。

これらにカギカッコをつけながら、「セリフ」「心内語」と「地の文」を区別していきましょう。

カギカッコのつけ方

それでは、省略されているカギカッコのつけ方を説明します。

カギカッコのつけ方（手順）

❶終わりの部分（」）から探す

まずは、終わりの部分（」）から確定させましょう。

目印は「と」「とて」「など」。これらの上には」がつきやすいのです。

❷カギカッコの始まりの部分（「）を見つける

カギカッコの始まりの部分（「）は、「、」や「。」などの直後になるのが一般的です。

「いはく」「いふやう」「思ふやう」などがあると、その直後なので見つけやすいのですが、ない場合のほうが多いので、文脈でふさわしいところを見つけることが大切です。

❸自分でつけたカギカッコの前後やカギカッコ内の言葉が意味上つながるかどうかを確認する

カギカッコをつけたときに、意味のうえでおかしくないかどうかをチェックしましょう。

▼◯ 男が、大きな声で、「逃げろ」と言った。

……「男が大きな声で言った」セリフが「逃げろ」で、おかしくないですね。

▼× 男が、「大きな声で、逃げろ」と言った。

……「男が言った」はおかしくないですが、「大きな声で、逃げろ」は意味がわかりませんね（「大きな声を出しながら逃げろ」ならありえますが）。「大きな声で、逃げろ」では、カギカッコ内の言葉がきちんとつながっていません。

つまり、このカギカッコのつけ方は間違っています。

それでは実際に、古文の文章で見ていきましょう。

読解練習

次の文章は『枕草子』の一節である。作者（＝清少納言）は、中宮定子のもとに初めてお仕えした頃、明るい昼間に中宮と会うことを恥ずかしがり、夜だけ参上していた。

作者は暁には、「とく下りなむ」と急がるる。中宮定子が「葛城《かづらき》の神もしばし」など仰せらるるを、作者は「いかでかは筋《すぢ》かひ御覧ぜられむ」とて、なほ臥したれば、御格子《みかうし》も参らず。女官《にょうかん》ども参りて、女官どもが「これ、放たせ給へ」など言ふを、女房が聞きて、女房の放つを、中宮定子が「まな」と仰せらるれば、女官どもは笑ひて帰りぬ。

強意　意志　自発　尊敬語　尊敬　反語　受身　存続　打消　謙譲語　完了

☝冒頭から主語が書かれておらず、敬語も使われていないことから。

☝以下に二重敬語が使われていることから。

☝尊敬語がないことからも、主語が「作者」だとわかる。

☝以下の二重敬語から。

☝以下に「帰りぬ」とあるので、ここでの主語は「来た人＝女官ども」だとわかる。

語句と文法の確認

暁＝夜明け前

とく＝早く

下る＝貴人の前から退出する

葛城の神＝奈良県の葛城山に住む「一言主《ひとことぬし》の神」の異称

※葛城の神は、自分の容貌が醜いことを恥じて、夜しか働かなかったという伝説がある。そのことから、恋や物事が成就しない例、自分の容姿が醜いことを恥じる例などにひかれる。

仰す＝おっしゃる

※「言ふ」の尊敬語。

筋かふ＝斜めに向かい合う

なほ＝やはり

御格子も参らず＝御格子（＝上げ下げする戸）もお上げしない

※「御格子参る」は「御格子をお上げする・お下げする」の両方の意味があるので、文脈判断が必要。ここでは、顔を見られたくない場面なので、「お上げしない」の意味になる。

女官＝後宮の清掃・灯火などをつかさどる女官

※「体言＋ども」で、複数の意味を表す（〜たち・〜の多く）。

まな＝禁止・制止などの意味を表す（〜するな・だめ）

現代語訳

夜明け前には、（作者（＝清少納言）は）「早く退出しよう」とつい気持ちがせきたてられる。（中宮定子が）「葛城の神（＝作者のこと）も、もうしばらく（いなさい）」などとおっしゃるが、（作者は）「なんとかして斜めに向かい合ってもご覧に入れようか、いや、入れたくない（＝自分の顔を中宮定子にご覧に入れずに済ませたい）」と思って、やはりうつぶしているので、御格子もお上げしない。女官たちが参上して、「これ（＝格子）を、お上げなさいませ」などと言うのを聞いて、（他の）女房が（格子を）上げるのを、（定子が）「だめ」とおっしゃるので、（女官たちも）笑って帰っていった。

これも確認　中宮定子の優しさ

定子は、作者のことを、容貌が醜いことのたとえとして用いられる「葛城の神」と言っています。

ですが、「アナタって本当ブサイク！」と言って清少納言のことをいじめているわけではありません。

清少納言が新参者としてあまりにも恥ずかしがり、夜にしかお仕えしに来ないので、同じように、容貌を恥じて夜だけしか働かないという伝説があった「葛城の神」の故事を使って、愛情を持ってからかったのです。

女官たちが来て格子を上げようとしましたが、定子はそれを制止していますね。明るいところに出るのを極度に嫌がっている清少納言のためを思ってのことです。ユーモアと気遣いを兼ね備えた、とても優しい中宮ですね。

4 指示語を意識しよう

古文でも指示語が重要

現代語の文章でも、指示語があったら、その指示語が何を指し示しているのかを（なんとなくでも）意識しながら読んでいきますね。

古文でも同じです。指示語が出てきたら、問題になっていなくても**指示内容**を考えながら読んでいきましょう。

そのためには、まず、古文の指示語を知らなければいけませんね。

現代語と同じ「これ」「それ」「あれ」などの指示語もあります。これらはわかりやすいですね。

「**こ**はいかがする」（これはどうする？）のように、「**こ**」だけの場合もありますが、慣れてくればわかるようになります。

おさえるべき「古文特有の指示語」

大事なのは、「古文特有の指示語」です。

特におさえてほしい古文特有の指示語は、以下の三つです。

かく　＝**こう・これ・この・このように**　など

さ
しか　｝＝**そう・それ・その・そのように**　など

そして、これらの言葉に「あり」がついた複合語がそれぞれあります。

かから・かかり・かかる・かかれ
さら・さり・さる・され
しから・しかり・しかる・しかれ

たとえば、「かかれば」とあれば「こうなので」、「さらば」は「そうならば」、「しかるとき」とあれば「そのようなとき」です。

それでは、肝心な「指示語がどこを指し示しているか」ですが、こちらも現代語の文章と同様に「(直) 前」が多いです。まれに後ろを指す場合もありますが、基本的には前の内容だと考えましょう。そして、指示内容を指示語の部分にあてはめて、スラッと文意が続いていけばOKです。「?」となってしまったら間違えていますので、再考しましょう。

例　「(おばを) 持ていまして、深き山に捨て給びてよ」とのみ (妻が) 責めければ、(男は) 責められわびて、**さ**してむと思ひなりぬ。
(「(おばを) 連れていきなさって、深い山に捨てなさいませ」とばかり (妻が) 責め立てたので、(男は) 責められることを辛く思い、**そうしよう**と思うようになった。)

「**そうしよう**」は、「どのようにしよう」ということでしょうか?

男は、責められて「そうしよう」と思うようになったので、責められた内容を指します。そうすると、前に書いてある妻の責めたセリフの内容が、指示内容ですね。つまり、「**おばを連れていって、深い山に捨ててしまおう**」と思ったのです。

いくら指示内容は直前が多いからといって、直前の「責められることを辛く思い」をあてはめたら、「責めらることを辛く思い、責められることを辛く思おうと思うようになった」となり、意味が通じませんよね。もちろん、これは間違いです。

それでは、以上をふまえて、実際に古文の文章を読んでいきましょう。

読解練習

次の文章は『大鏡』の一節である。四条大納言公任《きんとう》は漢詩・和歌・管弦の才能が素晴らしく、また有職故実《ゆうそくこじつ》（＝古来の先例に基づいた朝廷や公家の行事や法令・風俗などのこと）にも通じていた。大入道殿《おおにゅうどうどの》が自分の息子たち（＝中関白殿《なかのかんぱくどの》・粟田殿《あわたどの》・入道殿《にゅうどうどの》）に話をする場面である。

本文冒頭の指示語は、リード文か注釈などに指示内容がある場合もあります。

四条の大納言の（が）**かく**何事もすぐれ、**めでたく**おはしますを、／大入道殿（が）、「いかでか、**かから**む。うらやましくもあるかな。わが子どもの（が）、影だに踏むべくもあらぬこそ（ことが）、**くちをしけれ**。」と申させ給ひければ、／中関白殿（や）粟田殿などは、「**げにさ**もとや

「四条大納言」が何事にも優れて素晴らしいこと。

「大入道殿」が、前にある「　」のように感じているということです。

が　形容詞　尊敬語　疑問　推量　形容詞　詠嘆　が　さえ　可能　打消　形容詞　謙譲語　尊敬　尊敬語　過去　疑問

語句と文法の確認

めでたし＝素晴らしい
くちをし＝残念だ・情けない
げに＝本当に
気色＝様子
のたまふ＝おっしゃる
※「言ふ」の尊敬語。
仰す＝おっしゃる
※「言ふ」の尊敬語。

本文中の「大入道殿」とは、藤原兼家のことです。「中関白殿」は道隆、「粟田殿」は道兼、「入道殿」は道長です。
「道隆」「道兼」「道長」の三人の中で、現代において一番名前が知られているのは「道長」でしょう。最終的に権力を握り、栄華を極めるのは道長ですね。道長はこの三兄弟の中では一番年下ですが、若い頃か

思すらむ」と、恥づかしげなる御気色《けしき》にて、ものものたまはぬに、この入道殿は、いと若くおはします御身にて、「影をば踏まで、面《つら》をや踏まぬ。」とこそ仰せられけれ。

- 思す：尊敬語
- らむ：現在推量
- 恥づかしげなる：形容動詞
- 御：尊敬
- のたまは：尊敬語
- ぬ：打消
- 若く：形容詞
- おはします：尊敬語
- 御：尊敬
- をば：助詞「を＋ば」の「ば」→消してOK
- で：～ないで
- や：反語
- ぬ：打消
- こそ…けれ
- 仰せ：尊敬語
- られ：尊敬
- けれ：過去（り）

現代語訳

四条大納言（＝公任）がこのように何事にも優れて、素晴らしくいらっしゃるのを、大入道殿が、「どうして（公任は）このように優れているのだろうか。うらやましいものだなぁ。私の子供たちが、（公任の）影さえ踏むこともできない（＝それほど劣っている）ことが、情けない。」と申し上げなさったので、中関白殿や粟田殿などは、「本当に（父上は）そのように思いなさっているだろうか（、きっとそう思いなさっているだろうよ）」と、恥じ入っているご様子で、一言もおっしゃらないが、この入道殿は、とてもお若くいらっしゃる身で、「影を踏まないで、面を踏まないか、いや、面を踏んでやる。」とおっしゃった。

らこのように肝が据わっており、自信に満ちていました。

82～83ページで中宮定子と中宮彰子のことをお話ししましたが、中宮定子は道隆の娘、中宮彰子は道長の娘です。一条天皇が最初に寵愛していたのは定子でした。しかし、道長が強引に自分の娘を入内させます。道隆の死後、道長の繁栄とともに定子は没落していき、彰子がより大切にされました。

清少納言はきらびやかな舞台が好きな積極的な女性で、紫式部はそういうことが苦手な根暗な女性（と自分でも日記に書いています）というイメージが持たれていますが、実際に栄えたのは彰子（紫式部）側、没落したのは定子（清少納言）側です。定子の死後、清少納言は宮中を去り、晩年の詳細はよくわからないとされています。

5 古文単語の意味を理解しよう

古文単語の攻略ポイント

第2章は、今回が最後です。

第1章では「古文読解のはじまり」として「文法」を、第2章では「古文読解の方法」をお伝えしてきましたが、古文を読むためには、「文法」「古文読解の方法」とともに、「古文単語」の意味を理解している必要があります。

すべての単語を理解するのは不可能ですが、古文単語帳に掲載されているような、いわゆる「重要古語」の意味は覚えておく必要があります。

古文単語の学習で重要なものは、大きく次の二つに分類することができます。

古文特有語

現代語では使われておらず、古文の時代に使われていた語を「**古文特有語**」といいます。「古文特有語」は、覚えていなければ当然意味がわかりませんので、しっかりおさえておきましょう。

例 くちをし（残念だ）

例 ゆかし（見たい・聞きたい・知りたい・心惹かれる）

例 ひがこと（間違い）

現古異義語

現代語でも使われているけれど、古文と現代では全然意味が違う語が「**現古異義語**」です。こちらも正しい意味を覚えておかなければ、おかしな文脈になってしまいますので気をつけましょう。

例 いとほし（気の毒だ）　**例** 飽《あ》く（満足する）　**例** 知る（治める）

ただし、「現古異義語」の中には、**現代語と同じ意味を持っている語**もあります。先ほど**例**にあげた単語は、それぞれ次のように現代語と同じ意味も持っています。

例 いとほし（いとしい）　**例** 飽く（あきあきする）　**例** 知る（知る）

これらは私たちが知っている意味と同じですから、わざわざ覚えなくても大丈夫ですね。現代語と違う意味の方をしっかり覚えておきましょう。

まずは、これらの「**古文特有語**」と「**現古異義語**」をおさえると効率的に学習できます。

単語を覚える際には、31ページで見た「あはれなり」や「いみじ」のように、**プラスとマイナスの両方の意味を持っていることを意識すると**よいものや、「**優**《いう》なり」（**優**雅だ・**優**れている）のように**漢字で覚えておく**と意味がイメージしやすいものなどがあります。それぞれの単語の特徴をいかして覚えていきましょう。

それでは、単語の意味を意識しながら『源氏物語』の冒頭部分を一緒に読んでいきましょう。いくつか中略していますが、高校でも学習することが多い有名な部分です。

読解練習

いづれの御時《おほんとき》にか、女御、更衣あまた候ひ給ひける中に、いとやむごとなき際《きは》にはあらぬが、すぐれて時めき給ふありけり。はじめより我はと思ひ上がり給へる御方々、めざましきものにおとしめ嫉《そね》み給ふ。同じほど、それより下臈《げらふ》の更衣たちは、まして安からず。上達部、上人《うへびと》などもあいなく目をそばめつつ、いとまばゆき

語句と文法の確認

御時＝御代
※治世の敬称
あまた＝たくさん
候ふ＝お仕えする
※貴人のそばに仕える意味の謙譲語
いと〜打消＝あまり〜ない・たいして〜ない
やむごとなし＝身分が高い・格別だ
際＝身分・家柄
時めく＝寵愛《ちょうあい》を受ける
めざまし＝ここでは「気にくわない」の意味
嫉む＝ねたむ
ほど＝身分
下臈＝官位や身分の低い者
安し＝心が穏やかである
上達部＝摂政・関白、左大臣・右大臣などの三位以上の者
上人＝殿上人《てんじょうびと》。殿上の間《ま》に上ることを許された四位《しい》・五位の者。六位の蔵人《くろうど》も
あいなし＝気にくわない
まばゆし＝目を背けたいほどだ・見ていられない様子
おぼえ＝寵愛を受けること
契り＝前世からの因縁
清らなり＝気品があって美しい様子

人の御おぼえなり。
［尊敬］　［体言→断定］

前の世にも、御契りや深かりけむ、世になく清らなる玉の男皇子
［尊敬］　［疑問］　［形容詞］［過去推量］　　　［形容詞］［形容動詞］

さへ生まれ給ひぬ。帝がこの君をば、私物に思ほしかしづき給ふこ
［まで］　　［尊敬語］［完了］　　　　　　　［尊敬語］　［尊敬語］

と限りなし。
［形容詞］

10

かしづく＝大切に育てる

文の構造はそんなに難しくありませんが、重要単語がたくさん出てきます！単語の意味をきちんと理解できていると、正しく読めますね。

現代語訳

どの天皇の時代であったか、女御や、更衣がたくさん（天皇に）お仕えなさった中に、たいして身分が高くない人で、とりわけ天皇のご寵愛を受けていらっしゃる人がいた。初めから自分こそは（天皇の寵愛を受ける）と自負していらっしゃる方々は、（この寵愛を受けている人を）気にくわない者だとさげすみねたみなさる。同じ身分、それより身分の低い更衣たちは、なおさら心が穏やかではない。上達部や、殿上人なども気にくわず目を背けて、とても見ていられないほどのご寵愛である。前世でも、（帝と桐壺の更衣は）ご因縁が深かったのであろうか、この世に例がないほど気品があって美しい玉のような皇子まで生まれなさった。（帝が）この君〔＝皇子〕を、個人的に思うままにかわいがる子としてお思いになり大切に育てなさることはこの上ない。

これも確認❶　単語の意味を詳しく確認しよう

▼1行目　御時＝御代

「○○の御時」という表現もよく出てきます。「○○が治世なさっていた時代」ということなので、**○○は天皇**です。

例　村上の御時（村上天皇が治世なさっていた時代）

▼1行目　あまた＝たくさん

「**ここら**」「**そこら**」にも「**たくさん**」の意味があるので、「あまた・ここら・そこら」は「**たくさん**」と三つセットで覚えると便利です。

▼1行目　本動詞の「侍り・候ふ」と補助動詞の「侍り・候ふ」

用言や助動詞につく「侍り・候ふ」は「丁寧語」（～です・ます・ございます）だと学習しました（66～67ページ）。

このように、動詞などにつき、補助的な意味を補うだけの敬語を「**補助動詞**」といいましたね。補助動詞は、あくまでも補助的に意味を添えているだけですから、次の**例**のように省略しても大筋はわかります。

例　書くのでございます。（書くのだ。）

また、単独で使用している「侍り・候ふ」は「**本動詞**」です。「**本動詞**」の「**侍り・候ふ**」には、**丁寧語「あります・おります」と謙譲語「お仕えする」**の二種類がありましたね。**貴人や、貴人がいる場所（宮中など）に「侍り・候ふ」の場合は、謙譲語「お仕えする」**と訳します。

この文章では、「貴人に」にあたる「天皇に」が省略されているので、見分けるのが難しいですね。

そこで、もう一つおトクな情報。

違う種類の敬語を重ねる場合は「**謙譲語＋尊敬語＋丁寧語**」の順番になります。「候ひ給ふ」の「給ふ」は尊敬語だと学習しました。尊敬語の上にあるということは、この本動詞「候ふ」は「謙譲語」ですね。

これらは文法の知識ですが、正しい文法の知識があればあるほど、正しい読解ができるようになることがわかりますね。

▼2行目　いと～打消＝あまり～ない・たいして～ない

「**いと**」は単独だと「**とても**」の意味でした。ですが、打消と一緒に用いる場合には、「とても」を打ち消していると思ってください。

ですから、「**あまり～ない・たいして～ない**」です。「とても～ない」ではありませんので気をつけましょう。

▼2行目　やむごとなし＝身分が高い・格別だ

「**捨ててはおけない・格別だ・高貴である**」などの意味を持っています。

「**止む事無し**」が原義。「(お世話を)**止めることがない↓放っておけない**」ということで、それくらい「捨ててはおけない格別なもの・身分が高い人」のイメージで覚えると便利です。

▼2行目　際＝身分・家柄

「**分際**」(＝**身分**)の「**際**」と覚えておくと便利です。

▼2行目　時めく＝寵愛を受ける

「寵愛《ちょうあい》を受ける」とは、「偉い人からすごく愛される」ことです。「**寵愛される**」ともいいます。「寵愛を受ける・寵愛される」は「**超愛される**」ことだと覚えるとわかりやすいですね。

ちなみに、男性だと「(偉い人から大事にされて)**時流に乗って栄える**」と訳すときれいです。

▼3行目　めざまし＝気にくわない

現在だと「めざましい発展」のように、「素晴らしい」などプラスの意味で使いますね。古文でも「素晴らしい・立派だ」というプラスの意味があります。ですが、「気にくわない」というマイナスの意味もあります。

「**目が覚めるほどプラスかマイナス**」と覚えておき、どちらなのかは**文脈判断**しましょう。本文ではマイナスの意味で使われていました。

▼4行目　嫉《そね》む＝ねたむ

「**嫉妬**」の「**嫉**」です。これは、漢字で覚えておくと便利ですね。

▼4行目　ほど＝身分

漢字では「**程**」と書きます。

大きく「**程度・時間・空間・身分**」の四つの意味があるとおさえておきましょう。

「**程度**」という熟語の中には「**程**」がありますし、「**身分**」は「**身の程**」という意味ですからわかりやすいですね。

その他、時間を表す「ころ・時分・あいだ」という意味や、空間を表す「広さ・長さ・距離」などの意味があります。

▼4行目　下﨟＝官位や身分の低い者

「**下**」という漢字から、「身分が低い」ことがイメージしやすいですね。

▼5行目　安し＝心が穏やかである

「**安心**」の「**安**」と覚えておくと便利です。

ちなみに、「**易《やす》し**」と書く場合は「**簡単だ**」の意味です。

6行目　上達部＝摂政・関白、左大臣・右大臣などの三位以上の者

「かんだちめ」もしくは「かんだちべ」と読みます。入試で読み方が問われることもありますので覚えておきましょう。

6行目　上人＝殿上人《てんじょうびと》。殿上の間《ま》に上ることを許された四《し》位《い》・五位の者。六位の蔵人《くろうど》も。

「殿上の間」は、清涼殿《せいりょうでん》（＝天皇の日常生活の居所）の南廂《みなみびさし》にある部屋。

6行目　あいなし＝気にくわない

語源には諸説ありますが、「**愛無し**」（＝**おもしろみがない**）や「**文《あや》無し**」（＝**筋が通らない**）などと考えられています。不快な様子、筋が通らない様子に用いる言葉です。

6行目　まばゆし＝目を背けたいほどだ・見ていられない様子

「**まぶしい**」の意味があり、プラスなら「**光り輝くほど美しい**」、マイナスなら「**目を背けたい様子**」という意味。相手がまぶしすぎて「**恥ずかしい**」という意味もあります。

7行目　おぼえ＝寵愛を受けること

名詞「**おぼえ**」は、「**よい評判**」や「**寵愛を受けること**」です。

8行目　契り＝前世からの因縁

「**契り**」は「**約束**」のこと。「**契約**」の「**契**」ですね。そして、ただの約束ではなく、「**前世からの約束・因縁**」の意味でよく用います。

8行目　清らなり＝気品があって美しい様子

『源氏物語』では、皇族や上等の調度品に「**きよらなり**」という語をよく用います。「**きよげなり**」（＝**美しい様子**）よりも「**きよらなり**」のほうが高貴で輝くような美しさと考えていました。

9行目　かしづく＝大切に育てる

「**大切に育てる**」と訳しますが、相手が大人であれば「**大切に世話をする・後見する**」と訳すときれいです。

これも確認❷

この妬まれまくった女性は誰？

この女性こそが、『源氏物語』の主人公「光源氏」の母である「**桐壺の更衣**」です。

「桐壺の更衣」ですから、天皇の奥様としての位は高くはありません（「中宮・女御・更衣……」の順でしたね）。

たいして身分が高くもないのに、ものすごく愛されてしまった桐壺の更衣は、他の奥様方から嫉妬の対象となってしまいます。それでも、天皇は桐壺の更衣をとても愛し続け、男児が生まれました。

それが「**光源氏**」です。

ですが、桐壺の更衣はずっと嫉妬され、いじめられてきた心労もたたり、光源氏がまだ幼いうちに亡くなってしまいます。

『源氏物語』の冒頭部分は、「いづれの御時にか」（＝どの天皇の御代であったか）から始まりますが、その天皇は「**桐壺帝**」です。

つまり、「桐壺帝」は光源氏の父です。

「桐壺帝」と「桐壺の更衣」の名前、そして、「桐壺帝」と「桐壺の更衣」が「光源氏」の両親であることは、「受験生であれば知っていて当然」として注釈もつかないこともあるので、ぜひこの機会に覚えておきましょう。

第2章 内容チェック

次の1～15の□にあてはまる言葉を、それぞれ答えましょう。

1 接続助詞「て・で・つつ」が使われているときは、その前と主語が□場合が多い。

答 同じ
復習 1 74ページへ

2 接続助詞「を」「に」「ば」が使われているときは、主語が[1]場合が多いが、「心情語＋を・に・ば」だった場合には、主語が[2]ことが多い。

答 1 変わる 2 同じ
復習 1 74～75ページへ

3 物語で冒頭から主語が書かれていない場合は、主語は□であることが多い。

答 （その物語の）主人公
復習 1 76ページへ

4 主語を把握するために、登場人物に□を使用しているかいないかを確認することが大事。

答 敬語
復習 1 76ページへ

5 天皇の奥様の中で最も位が高いのが□である。

答 中宮
復習 2 82ページへ

6 清少納言は[1]に仕え、紫式部は[2]に仕えていた。

答 1 中宮定子 2 中宮彰子
復習 4 82～83ページへ

7 カギカッコを自分でつける場合、終わりの部分を確定させるための目印は、「□・□・□」。これらがあったら、その上にはカギカッコの終わりがつきやすい。

答 と・とて・など 〈順不同〉
復習 3 85ページへ

8 日記や随筆で主語が書かれておらず、敬語も使われていない場合は、主語は□であることが多い。

答 作者
復習 3 86ページへ

9 古文特有の指示語には「□・□・□」の三つがある。

答 かく・さ・しか 〈順不同〉
復習 4 88ページへ

10 中宮定子は[1]の娘で、中宮彰子は[2]の娘である。

答 1 藤原道隆 2 藤原道長
復習 4 90ページへ

11 古語「くちをし」の現代語の意味は「□」。

答 残念だ
復習 5 92ページへ

12 古語「いとほし」の「いとしい」以外の現代語の意味は「□」。

答 気の毒だ
復習 5 93ページへ

13 古語「時めく」の現代語の意味は「□」。

答 寵愛を受ける
復習 5 94・97ページへ

14 「殿上人」とは、□に上ることを許された人のこと。

答 殿上の間
復習 5 94・98ページへ

15 『源氏物語』の主人公「光源氏」の父親は[1]で、母親は[2]である。

答 1 桐壺帝 2 桐壺の更衣
復習 5 99ページへ

第3章

古文読解にチャレンジ

伊勢物語

今回のポイント
❶ 文法 「ぬ」「ね」の識別
❷ 古文常識 恋愛

成立 平安時代初期
作者 未詳

平安時代に成立した歌物語。百二十五段。冒頭の多くが「むかし、男（ありけり）」から始まる短編歌物語集。この「男」は在原《ありわらの》業平《なりひら》と考えられており、初冠《ういこうぶり》〔＝成人式〕から辞世〔＝臨終〕の段に至る一代記的物語。

当の二人は好き同士なのに、身内が恋の邪魔をする日本版「ロミオとジュリエット」。
ただし、結末は違い、こちらの男女は（この場面では）悲劇で終わりません。
さて、どのように対処して、どうなったのでしょうか。

昔、男ありけり。東《ひむがし》の五条わたりに、**いと忍び**て行きけり。**みそかなる**所なれば、門《かど》よりも**え**入《い》ら**で**、**童《わらは》べ**の踏みあけたる**築地《ついひぢ》**の崩《くづ》れより通ひけり。人**しげく**もあらねど、たび重なりければ、あるじ聞きつけて、その通ひ路に、夜《よ》ごとに人を据ゑて守らせければ、行けどもえあはで帰りけり。さて詠める。

人知れぬわが通ひ路の関守は宵々ごとに**うちも寝ななむ**

読解のヒント

在原業平は、和歌を詠むことがとっても上手です。和歌が上手な人は、当時モテモテでした。そして、上手な和歌を詠んだことによって、神や仏、人々の心を感動させて、ハッピーな結果を得られるという話も古文では多々あり、そのような物語を「歌徳《かとく》説話」といいます。

語句と文法の確認

いと＝とても。たいそう
忍ぶ＝秘密にする
みそかなり＝こっそりする様子
え～打消＝～できない
（未然形＋）で＝～ないで
童べ＝子供
築地＝邸宅の周囲の土の塀。「ついぢ」ともと詠めりければ、いと**いたう**心病みけり。**あるじ**許してけり。

二条の后《きさき》に忍びて参りけるを、世の**聞こえ**ありければ、**兄人**《せうと》たちの守らせ給ひけるとぞ。

しげし＝たくさんある。多い

うちも寝ななむ＝接頭語「うち」＋係助詞「も」＋動詞「寝」＋完了の助動詞「ぬ」未然形＋他者願望の終助詞

いたし＝程度がはなはだしい

あるじ＝家の主人。ここでは、女の父

聞こえ＝うわさ

兄人＝女性から男性の兄弟を指す。兄・弟

読解チェック

▼解答は105ページ

① 男は、門から入らずにどこから通っていますか。

② なぜ、男は女に会うことができずに帰ったのですか。

難 ③ 主人が、男が通うことを許したのはなぜですか。

図解

※ ［グレーの網かけ］は今回のポイントです。

昔、男ありけり。東《ひむがし》の五条わたりに、いと忍びて行きけり。みそかなる所なれば、門《かど》よりもえ入《い》らで、童《わらは》べの踏みあけたる築地《ついひぢ》の崩《くづ》れより通ひけり。人しげくもあらねど、たび重なりければ、あるじ聞きつけて、その通ひ路に、夜《よ》ごとに人を据ゑて守らせければ、行けどもえあはで帰りけり。さて詠める。

人知れぬわが通ひ路の関守は宵々ごとにうちも寝ななむ

（書き込み）男が／過去／体言／男は／過去／形容動詞／断定／男は／主格／が／完了／過去／人が／形容詞／逆接／過去／が／体言／使役　過去／男は／逆接／過去／完了／歌／連体格／の／強調／完了　他者願望

☞主語が「男」だとわかる。

☞男が女のところに通う場合が多い。

「已然形＋ば」→確定条件。ここは「〜ので」と訳し、前が理由。

☞主語が「男」だとわかる。

和歌が出てきたら、ひとまず「五・七・五・七・七」で区切りましょう。

現代語訳

昔、男がいた。東の五条あたり（の女の所）に、とても密かに通っていた。こっそりと通う所なので、門からは入ることができないで、子供が踏みあけた土の塀の崩れたところから通った。人は多くはないが、（男が）度々通ったので、主人が聞きつけて、その（男が）通う道に、毎晩人を置いて見張らせたので、（男は）行くが会うことができないで帰った。そこで詠んだ（歌）。

人に知られないよう私の通う道の関守（＝番人）は、毎晩毎晩、少し眠ってほしい

と詠んだので、（歌を聞いた女は）たいそうひどく心を病んだ。主人は（娘をかわいそうに思い、男が通うのを）許した。

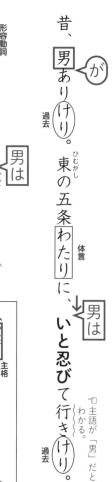

男が と詠め（り 完了）（けれ 過去）ば、／女は いと いたう（形容詞）心病み（けり 過去）。あるじ は 許し（て 完了）（けり 過去）。

男の和歌を聞いて心を痛める人物は「女」であると判断する。

二条の后《きさき》に忍びて参り（謙譲語）（ける 過去）を、／世の聞こえ が あり（けれ 過去）ば、／兄人《せうと》たち

主語になるので、この「聞こえ」は名詞です。

の（主格 が）守ら（せ 使役）（給ひ 尊敬語）（ける 過去）と ぞ（強意）。いふ

（この話は）二条の后の所にこっそり（男が）参上したのを、世間で噂になったので、（二条の后の）兄たちが（番人を置いて）見張らせなさったとかいうことだ。

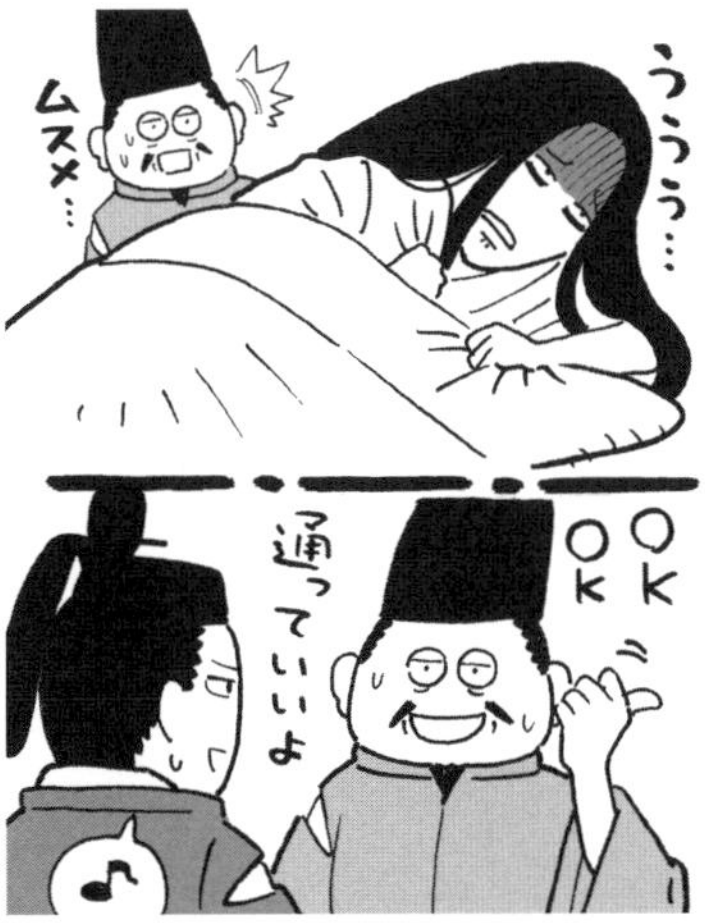

読解チェック解答

① 築地（＝土塀）の崩れたところから。
② 主人が噂を聞きつけて、男が通う路に毎晩番人を置いて守らせたから。
\難/ ③ 男の歌を聞いた娘がとても心を痛めた（ことをかわいそうに思った）から。

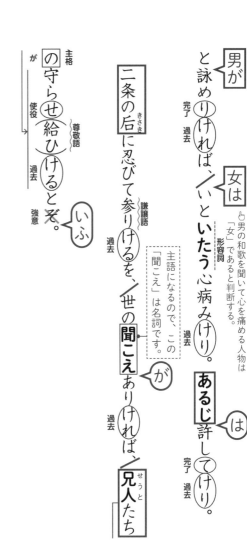

今回のポイント ❶ 文法 「ぬ」「ね」の識別

「ぬ」「ね」の文字が出てきたら、「した」のか「しない」のかを判断すべし！

古文を読むときに、特に気をつけてほしい文字は「ぬ」と「ね」です。

「ぬ」「ね」が助動詞の場合には、次のように**「打消（〜ない）」**か**「完了（〜た）」**のどちらかになります。

		未然形	連用形	終止形	連体形	已然形	命令形
打消	ず	ず	ず	ず	**ぬ**	**ね**	○
		ざら	ざり	○	ざる	ざれ	ざれ
完了	ぬ	な	に	**ぬ**	ぬる	ぬれ	**ね**

この二つを取り間違えてしまうと、訳が正反対になるため、意味不明な文脈になり、文章が正しく読めませんよね。

「ぬ」と「ね」は、問題になっていなくても、確実にどちらなのかをおさえなければいけません。何がなんでも、「打消」か「完了」のどちらなのかを見分ける方法を、しっかり身につけましょう。

「ぬ」と「ね」を識別するには、次の二つの方法があります。**「助動詞の接続を利用する方法」**と、**「それぞれの活用形を利用する方法」**です。

まずは、**「接続を利用する方法」**から見ていきましょう。

「接続」を利用して見分ける方法

打消「ず」と完了「ぬ」の、それぞれの**接続（＝直前の語の形）**を利用して見分ける方法を学びましょう。

打消の助動詞「ず」は**未然形**に接続します。つまり、直前の語が未然形であれば**「打消」**ですね。

完了の助動詞「ぬ」は**連用形**に接続します。つまり、直前の語が連用形であれば**「完了」**です。

例 酒飲ま《未然形》**ぬ**人。（酒を飲まない人。）

例 酒飲み《連用形》**ぬ**。（酒を飲んだ。）

ここまでを、まとめます。

「上」を見て判断

- **未然形 ＋ ぬ・ね ＝ 打消**
- **連用形 ＋ ぬ・ね ＝ 完了**

ただし、この見分け方が使えない場合があります。たとえば、上二段活用や下二段活用などのように、**未然形と連用形が同じ形の場合は、この方法では見分けられません。**

そこで、二つめの「**それぞれの活用形を利用する方法**」を見ていきましょう。

「活用形」を利用して見分ける方法

次の表を再度確認してみると、「**ぬ**」と「**ね**」の活用形がそれぞれ違いますよね。

		未然形	連用形	終止形	連体形	已然形	命令形
打消	ず	ず	ず	ず	**ぬ**	**ね**	○
		ざら	ざり	○	ざる	ざれ	ざれ
完了	ぬ	な	に	**ぬ**	ぬる	ぬれ	**ね**

打消「ず」の連体形は「ぬ」で、
已然形は「ね」。
完了「ぬ」の終止形は「ぬ」で、
命令形は「ね」。

したがって、「ぬ」と「ね」の後に続く語に注目して、それぞれの活用形が何かを確認すれば、「打消」か「完了」かの識別ができるのです。

「**ぬ**」が連体形なら「**打消**」、終止形ならば「**完了**」ですね。

「**ね**」が已然形なら「**打消**」、命令形ならば「**完了**」です。

例 起き**ぬ**《連体形》時。（起き**ない**時。）

例 暁に起き**ぬ**《終止形》。（夜明け前に起き**た**。）

これらも、次のようにまとめておきましょう。

「下」を見て判断

- **ぬ＋連体形に接続する語＝打消**（体言／助詞「に」「を」 など）
- **ぬ＋終止形に接続する語＝完了**（句点「。」／引用の「と」／助動詞「らむ」・「べし」 など）
- **ね＋已然形に接続する語＝打消**（助詞「ば」「ど」「ども」）
- **ね＋命令形に接続する語＝完了**（句点「。」／助詞「かし」 など）

ただし、直後が句点の場合、次のように**係り結びの法則**に気をつけて判断しましょう。

文中に係助詞「**ぞ・なむ・や・か**」があれば、文末の「**ぬ**」は**連体形**なので「**打消**」です。

> **〜 { ぞ / なむ（なん） / や / か } 〜ぬ。 ↓ 「ぬ」＝連体形＝打消**

例 などか助け**ぬ**。（どうして助けないのか。）

文中に係助詞「**こそ**」があれば、文末の「**ね**」は**已然形**なので「**打消**」です。

> **〜 こそ 〜ね。 ↓ 「ね」＝已然形＝打消**

例 さ**こそ**おぼえ**ね**。（そう思えない。）

本文チェック！

▼**3行目** 人しげくも**あらねど**

「ね」の直前の語「**あら**」はラ変動詞の**未然形**です。したがって、この「**ね**」は「**打消**」ですね。

もしくは、直後の「**ど**」の接続は**已然形**です。つまり、この「**ね**」は**已然形**なので「**打消**」だとわかります。

▼**6行目** 人**知れぬ** **（わが）通ひ路**

「ぬ」の直前の語「**知れ**」はラ行下二段動詞です。したがって、「知れ」が**未然形か連用形かはわかりません**ので、この場合は、直後の**接続**を利用しましょう。直後の「**（わが）通ひ路**」は体言です。体言の上は**連体形**ですね。つまり、この「**ぬ**」は**連体形**なので「**打消**」だとわかります。

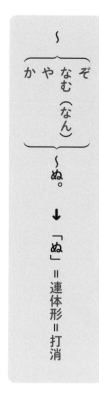

今回のポイント ② 古文常識 恋愛

当時はデートも結婚も、男性が女性の家に通います！

当時、貴族の女性は基本的に部屋から出ません。そして、家族以外の男性に顔を見られてしまうことは、はしたないことでした。ですから、部屋の中でも御簾《みす》の奥に隠れていたり、扇を持っていて、いざというときにはサッと顔を隠したりしていました。

男性は噂や琴の音色などにひかれて、夜な夜な女性の部屋を、外の垣根の間から覗きます（これを「**垣間見**《かいまみ》」といいます）。そこで、お気に入りの女性を見つけた場合は、**懸想文**《けそうぶみ》（＝和歌つきの恋文）を書いて、召使いを介して女性に届けます。

女性から返歌があり、**文通が始まれば交際が成立**したと見なされました。

その後、文通を重ねて「逢う」ことになります。「逢う」ときには、夜、男性が女性の部屋に行きます。初対面で深い関係を結ぶのが当時の常識でした。

女性は親と同居していますので、親は男が通ってくる気配を感じると、その男性の品定めをします。眼鏡にかなうような男性であれば、召使いに部屋を掃除させたりなど、準備をする場合もありますが、そうでない男性の場合は、門番を置いて（もしくは、自ら門番役になり）、男性が部屋に入れないように邪魔をしました。

ちなみに、**三日連続で通うと「結婚成立」**です。当時の日本は**一夫多妻制**ですから、結婚後も、**男性が女性の家に通う「通い婚」**でした。ただし、現代と同じように、特別な妻（正妻など）とは同居している場合もあります。

2

作り物語

竹取物語

今回のポイント
① 文法 呼応の副詞
② 文法 絶対敬語
③ 文法 形容詞の語幹用法

成立 平安時代前期
作者 未詳

平安時代前期に成立した作り物語（「伝奇物語」とも）。「かぐや姫の物語」で、仮名文の最古の物語。『源氏物語』で「物語の出《い》で来《き》はじめの祖《おや》」と書かれています。

月に帰る直前に、中将に「帝へ」と不死の薬が入った壺を託したかぐや姫。大好きな人が、もう二度と会えない遠くへ行ってしまうときにくれたプレゼントです。あなたならどうしますか？ さて、帝はいかに。

中将、人々**引き具し**て帰り参りて、かぐや姫を、**え**戦ひとめ**ず**なりぬること、こまごまと**奏す**。薬の壺に御**文**添へて**参らす**。広げて御覧じて、いとあはれがらせ給ひて、**物**も**聞こしめさ**ず。御**遊び**などもなかりけり。大臣・**上達部**《かんだちべ》を召して、「いづれの山か天に近き」と問はせ給ふに、ある人奏す、「駿河の国にあるなる山なむ、この都も近く、天も近く侍る」と奏す。これを聞かせ給ひて、

読解のヒント

文中に「あふこともなみだに浮かぶ～」という和歌があります。「なみだ」には「涙」と「無み」（＝ないので）の意味が掛けられています。訳は「（もうかぐや姫に）会うこともないので、涙に浮かぶ～」となります。

（語句と文法の確認）

引き具す＝引き連れる
え～打消＝～できない
奏す＝帝に申し上げる
文＝手紙
参らす＝差し上げる
※「与ふ」の謙譲語。
物＝食事

あふこともなみだに浮かぶわが身には死なぬ薬も何に**かは**せむ

かの**奉る**不死の薬壺に文**具し**て御使ひに**賜《たま》はす**。勅使《ちょくし》には、つきのいはがさといふ人を召して、駿河の国に**あなる**山の頂に持てつくべき由《よし》**仰せ**給ふ。峰にてすべきやう教へさせ給ふ。御文、不死の薬の壺並べて、火をつけて燃やすべき由仰せ給ふ。**その由**承りて、**士《つはもの》どもあまた**具して山へ登りけるよりなむ、その山を「富士の山」とは名付けける。その煙、いまだ雲の中へ立ちのぼる、とぞ言ひ伝へたる。

聞こしめす＝召し上がる
※「食ふ」「飲む」の尊敬語。
遊び＝詩歌管弦の遊び
上達部＝三位以上の上流貴族。「かんだちめ」とも
かは＝反語の意味
奉る＝差し上げる
※「与ふ」の謙譲語。
具す＝添える
賜はす＝お与えになる
※「与ふ」の尊敬語。
あなる＝あるとかいう
※「あるなる」➡「あんなる」➡「あなる」と変化。
仰す＝おっしゃる
※「言ふ」の尊敬語。
その由＝そのこと
士ども＝兵士たち
あまた＝たくさん

読解チェック

▼解答は114ページ

① 中将は、宮中に帰って、帝にどのようなことを報告しましたか。
② 帝が、不死の薬を飲まなかったのはなぜですか。
③ 富士の山から立ち昇っている煙は、何の煙と考えられますか。

図解

※ ■ は今回のポイントです。

中将(が)、人々(を)**引き具して**(宮中に)帰り参りて、かぐや姫を、**え**戦ひとめ**ず**

帰り参り:謙譲語

「奏す」とあることから「宮中に」がわかる。

なりぬること、(を)こまごまと**奏す**。薬の壺に御**文**添へて(帝に)**参らす**。

ぬる:完了　御:尊敬　参らす:謙譲語

(帝は)広げて御覧じて、いとあはれがらせ給ひて、**物**も**聞こしめさ**ず。御

御覧じ:尊敬語　せ:尊敬　給ひ:尊敬語　聞こしめさ:尊敬語　御:尊敬

ここまでで、敬意を払っている対象は「帝」。

地の文で二重敬語なので、主語は「帝」ですね。

遊びなども**なかり**けり。(帝が)大臣・上達部《かんだちべ》を召して、「いづれの山か天

なかり:形容詞　けり:過去　召し:尊敬語　か:疑問

敬語から主語が判断できる。

に近き」と問はせ給ふに、ある人(が)奏す、「駿河の国にあるなる山

近き:形容詞　せ:尊敬　給ふ:尊敬語　なる:伝聞

地の文で二重敬語が使われているので、主語が「帝」だとわかる。

なむ(が)、この都も近く、天も近く侍る(り)」と**奏す**。(帝は)これを聞かせ給ひて、

なむ:強意　近く:形容詞　近く:形容詞　侍る:丁寧語　せ:尊敬　給ひ:尊敬語

現代語訳

中将は、(翁《おきな》の屋敷から)人々を引き連れて帰参して、かぐや姫を、(天人たちと)戦って引きとめることができなかったことを、細かく帝に申し上げる。不死の薬の壺に(かぐや姫の)お手紙を添えて(帝に)差し上げる。(帝は)広げてご覧になって、たいそう悲しみに沈みなさって、食事も召し上がらない。詩歌管弦の遊びもしなかった。

(帝は)大臣・上流貴族を呼びなさって、「どの山が一番天に近いか」と問いなさると、ある人が帝に申し上げるには、「駿河の国にあるという山が、この都にも近くて、天にも近くございます」と申し上げる。(帝は)これを聞きなさって、

あふこともなみだに浮かぶわが身には死なぬ薬も何にかはせむ

（わが：連体格「の」／死な：未然形　ぬ：打消／かは：反語／せ：サ変　む：意志）

かの奉る不死の薬壺に文具して御使ひに賜《たま》はす。勅使《ちょくし》には、つきのいはがさといふ人を召して、駿河の国にあなる山の頂に持てつくべき由《よし》仰せ給ふ。峰にてすべきやう教へさせ給ふ。御文、不死の薬の壺並べて、火をつけて燃やすべき由仰せ給ふ。その由承りて、士《つはもの》どもあまた具して山へ登りけるよりなむ、そ

（奉る：謙譲語／文を具して／帝は御使ひに賜はす：尊敬語／あなる：伝聞／召して：尊敬語／帝が仰せ給ふ：尊敬語・尊敬語／帝は教へさせ給ふ：尊敬・尊敬語／御：尊敬／帝が仰せ給ふ：尊敬語・尊敬語／勅使がその由承りて：謙譲語／士どもを／けるより：過去／なむ：強意）

「勅」は天皇や上皇に関連します。「勅使」＝天皇のお使い

「べし」はそのまま読んでいけばいいですよ。

二重敬語より判断。

ここも、二重敬語より判断。

天皇の命令を聞いたのは「勅使」であることから。

もうかぐや姫に会うこともないので、涙に浮かんでいるわが身にとっては、不死の薬も何になろうか、いや、何にもならない

あの（かぐや姫が）差し上げた不死の薬の壺に手紙を添えて（帝は）使者にお与えになる。使者には、つきのいわがさという人を呼びなさって、駿河の国にあるとかいう山の頂上に持っていけとのことを（帝が）おっしゃる。山頂ですべきことを教えなさる。お手紙と、不死の薬の壺とを並べて、火をつけて燃やせとのことをおっしゃる。（つきのいわがさが）そのことを承って、兵士たちをたくさん引き連れて山に登ったことから、その山を「富士の山」（＝たくさんの兵士に富んでいる山）と名付けた。その（不死の薬の壺と手紙を焼いた）煙は、今もまだ雲の中に立ち昇っている、と言い伝えている。

の山を「富士の山」とは名付けける。その煙、いまだ雲の中へ立ちのぼる、とぞ言ひ伝へたる。

読解チェック解答

①かぐや姫を引きとめることができなかったこと。
②かぐや姫がいないこの世には未練がないから。
③かぐや姫からの手紙と不死の薬の壺を燃やした煙。

今回のポイント ① 文法 呼応の副詞

副詞「え」は打消とセットで用いることが多い!

副詞「え」は打消とセットで用いて「～できない」と訳します。このように、セットで用いる副詞を「**呼応の副詞**」といいます。

例 え言は**ず**。（言うことができない。）

打消は、「**ず**」「**じ**」「**まじ**」「**なし**」「**で**」などです。「**え～打消**」＝「～できない」と覚えておきましょう。

ちなみに、禁止の終助詞「**そ**」については、副詞「**な**」とセットで用いる場合が多いということを学びましたね。

この副詞「**な**」も「呼応の副詞」です。こちらは「**な～そ**」＝「～**するな**」でしたね。

例 な言ひ**そ**。（言うな。）

打消とセットで用いる呼応の副詞をまとめておきます。

打消とセットで用いる呼応の副詞

- 「**え～打消**」＝「～**できない**」
- 「**さらに・すべて・つゆ～打消**」＝「**全然～ない**」「**まったく～ない**」
- 「**いと・いたく～打消**」＝「**たいして～ない**」
- 「**よも～じ**」＝「**まさか～ないだろう**」

※「よも」は「じ」のみと呼応します。

本文チェック!

▼**1行目** え戦ひとめ**ず**なりぬること

直訳は「戦いとめることが**できなかった**こと」ですね。

今回のポイント ② 文法 絶対敬語

「奏す」「啓す」は相手が決まっている敬語！

「**申す**（本動詞）」「**奏す**」「**啓す**」は、すべて**謙譲語**で「**申し上げる**」と訳します。

それぞれの違いは何かというと、まず、「奏す」と「啓す」は「申し上げる相手」が決まっていて、「**奏す**」は「**天皇・上皇**」に、「**啓す**」は「**中宮・東宮**（＝皇太子）」に申し上げる、となります。

この「奏す」と「啓す」は、文法用語で「**絶対敬語**」といわれています。

- **「奏す」……「天皇・上皇」に申し上げる**
- **「啓す」……「中宮・東宮（＝皇太子）」に申し上げる**

ちなみに、本文中に「天皇と上皇」もしくは「中宮と東宮」が両方出てくる場合には、文脈判断が必要です。

また、「**申す**」は、**相手は誰でもOK**です。つまり、天皇や中宮に申し上げるときにも使うことができます。

今回のポイント ③ 文法 形容詞の語幹用法

「AをBみ」は「AがBなので」と訳しましょう。

読解のヒントで見たように、和歌中の「なみだ」には「涙」と「無み」の意味が掛けられていて、「無み」＝「ないので」と訳しましたね。

今回は、この「無み」を文法的に学習しましょう。

「無」は、形容詞「なし」の語幹です。それに、接尾語「み」がついて、**原因・理由**を表したものです。

この「み」は、多くは和歌中に「体言＋を＋形容詞の語幹＋み」の形で出てきて、「**体言が形容詞の語幹なので**」と訳します。

簡単にするならば、「**AをBみ**」＝「**AがBなので**」と覚えるとよいでしょう。

例 苫《とま》をあらみ……（苫の編み目が粗《あら》いので……）

「あら」は形容詞「あらし」の語幹です。形容詞の語幹（＝「あら」）には、現代語のように「い」をつける（＝「あらい」）と、意味がわかりやすくなりますよ。

3

物語

源氏物語①

今回のポイント
❶ 文法 なめり
❷ 文法 結びの流れ

成立 平安時代中期
作者 紫式部

全五十四帖からなる長編物語。主人公の光源氏を中心に、政治の権力争い、恋愛などの話が書かれています。光源氏の誕生から青年期、光源氏の晩年、光源氏の子供世代の薫《かおる》、匂宮《におうのみや》が浮舟《うきふね》という女性を奪い合う「宇治十帖」の三部で構成されています。

家来の惟光と、とある部屋を覗き見していた光源氏（第2章76〜77ページ）。現代風の尼がいましたね。そこには尼だけではなく、他にも数人の人物がいたのです。
光源氏にとって運命の人との出会いの有名な場面です。

清げなる大人二人ばかり、**さては**童べぞ出《い》で入り遊ぶ。中に、十ばかりにやあらむと見えて、白き衣、山吹などの**なえ**たる着て、走り来たる女子、**あまた**見えつる子どもに似る**べう**もあらず、**いみじく**生ひ先見えて、**うつくしげなる**容貌なり。髪は扇を広げたるやうにゆらゆらとして、顔は**いと**赤くすりなして立てり。「何事ぞや。童べと**腹立ち**給へるか」とて、尼君の見上げたるに、

読解のヒント

遊んでいる子供たちの中に、ひときわかわいらしい女の子がいます。どうやら、その子は泣いているようです。いったい何があったのでしょうか。

〔語句と文法の確認〕

清げなり＝さっぱりして美しい様子
さては＝そのほかには
なゆ＝糊が落ちたり着慣れたりして、衣類がやわらかになる。「なえ」を「なれ」とする本文もある
あまた＝たくさん
べし＝「べう」は、助動詞「べし」の連用形「べく」のウ音便
いみじ＝たいそう
うつくしげなり＝いかにもかわいらしい様子である
いと＝とても

少し**おぼえ**たるところあれば、子なめりと（光源氏は）見給ふ。「雀の子を犬君《いぬき》が逃がし**つる**。伏籠《ふせご》のうちに籠めたりつる**ものを**」とて、いと**口惜し**と思へり。この**ゐ**たる大人、「**例の**、心なしの、かかるわざをして**さいなま**るるこそ、いと**心づきなけれ**。いづ方へか**まかり**ぬる、いと**をかしうやうやう**なりつるものを。烏《からす》など**もこそ**見つくれ」とて立ちて行く。髪ゆるるかにいと長く、**めやすき**人なめり。少納言の乳母とぞ人言ふめるは、この子の**後見**《うしろみ》なるべし。

腹立つ＝けんかする
おぼゆ＝似る
つ＝「つる」は、完了の助動詞「つ」の連体形。余情を含ませるために連体形が用いられている。
ものを＝～のになあ
口惜し＝残念だ
ゐる＝座る
例の＝いつものように
さいなむ＝責める
心づきなし＝気に入らない
まかる＝行きます
※「行く」の丁寧語。
をかし＝かわいい。「をかしう」は、「をかしく」のウ音便
やうやう＝だんだん
もこそ＝～したら大変だ
めやすし＝見た目がよい
後見＝陰で人の世話をして助けること。または、それをする人

読解チェック

▼解答は119ページ

① 女の子が、顔をこすって赤くして泣いていたのはなぜですか。
② 光源氏が、女の子のことを尼君の子であろうと思ったのはなぜですか。
③ 座っていた女房は、逃げた雀に対してどんなことを心配していますか。

図解

※■は今回のポイントです。

清げなる大人二人ばかり、さては童べぞ出《い》で入り遊ぶ。中に、十ばかりにやあらむと見えて、白き衣、山吹などのなえたる着て、走り来たる女子、あまた見えつる子どもに似るべうもあらず、いみじく生ひ先見えて、うつくしげなる容貌なり。髪は扇を広げたるやうにゆらゆらとして、顔はいと赤くすりなして立てり。「何事ぞや。童べと腹立ち給へるか」とて、尼君の見上げたるに、

（清げなる：形容動詞／ぞ：強意／に：断定／や：疑問／む：推量／の：同格（で）／の上着／たる：存続／上着を／来：カ変／たる：完了／は／つる：完了／べう／ず：打消／いみじく：形容詞／うつくしげなる：形容動詞／女子は／なり：断定／たる：存続／いと赤く：形容詞／り：存続／尼君が／や：疑問／給へ：尊敬語／る：完了／か：疑問／言っ／の：主格（が）／たる：存続／に：格助詞／顔）

後ろの「て」と「尼君」からわかる。

現代語訳

さっぱりして美しい年配の女房が二人ほど、そのほかには子供たちが（部屋に）出たり入ったりして遊ぶ。その中に、十歳くらいであろうかと思われて、白い下着に、山吹襲《がさね》などで着慣れて柔らかくなっているのを着て、走って来た女の子は、たくさん見えた子供たちとは似るはずもなく、たいそう成長後（の美しい姿）が想像できて、いかにもかわいらしい様子の容貌である。髪は扇を広げているようにゆらゆらとして、顔はとても赤く（手で）こすって立っている。「何事か。子供たちとけんかしなさったのか」と言って、尼君が見上げている顔に、少し似ているところがあるので、（尼君の）子供であるようだと（光源氏は）見なさる。

少しおぼえたる（存続）ところあれば、子なめりと（光源氏は）見給ふ（尊敬語）。

「已然形＋ば」の確定条件。ここは「～ので」と訳し、前が理由。

「雀の子を犬君《いぬき》が逃がしつる（完了）。伏籠《ふせご》のうちに籠めたり（完了）つる（完了）ものを（終助詞）」

☜「犬君」のこと。

とて、（言っ）いと口惜し（形容詞）と思へり（存続）。このゐ（ワ行上一段）たる（存続）大人（が）、「例の（連用格・のように）、心なしの（主格・が）、

かかるわざをしてさいなまるる（受身）こそ（強意）、（ことが）いと心づきなけれ（形容詞）（し）。（雀の子は）いづ方へか（疑問）

まかりぬる（完了）、いとをかしう（形容詞）やうやうなりつる（完了）ものを（終助詞）。烏《からす》などもこそ（危惧）

見つくれ」とて（言っ）立ちて行く。髪ゆるるかに（形容動詞）いと長く（形容詞）、めやすき（形容詞）人

なめり。少納言の乳母とぞ（強意）人言ふめる（推定）は、この子（＝女子）の後見《うしろみ》なる（断定）べし。

（その子が）「雀の子を犬君が逃がしてしまったの。籠の中に入れておいたのになあ」と言って、とても残念だと思っている。この座っている年配の女房が、「いつものように、うっかり者が、このようなことをして責められるのが、とても気に入らない。どこへ行ってしまったのでしょう、とてもかわいくだんだんなっていたのになあ。烏などが見つけたら大変だ」と言って立って行く。髪はゆったりとしてとても長く、感じのよい人であるようだ。少納言の乳母と人が呼んでいるらしいのは、この子の世話役であるのだろう。

読解チェック解答

① 犬君《いぬき》が、伏籠《ふせご》の中の雀の子を逃がしてしまったから。
② 尼君の顔と少し似ているから。
③ カラスなどに見つけられて（襲われて）しまうこと。

今回のポイント ① 文法 なめり

「子なめり」の品詞分解は「子／な／めり」が正解！

体言か連体形に接続している「なめり」。
品詞分解すると、「な／めり」となります。
この「な」は、なんと**断定**の助動詞「なり」なのです。どうして「なり」が「な」になるのか、不思議ですよね。

本当は断定の助動詞の連体形の「なる」で、「なるめり」です。「めり」は終止形接続の助動詞です。終止形接続の助動詞は、上が**ラ変型**の場合は**連体形**に接続します。「なり」は形容動詞型で活用する助動詞ですから、断定の助動詞「なり」に「めり」がくっつくと、「なるめり」となります。

この「なる」が**撥音便**「**なん**」となり、「なんめり」という表記もよくあります。さらに、「なん」の撥音便が無表記の場合が「なめり」です。「**なるめり**」↓「**なんめり**」↓「**なめり**」ですね。

音便については、
30～31ページで
学習しましたね。

断定「なり」に推定「めり」がくっついていますので、「**であるようだ・であるらしい**」と訳します。

本文チェック！

▼**7行目** 子 **なめり**

この「なめり」は、体言「子」に接続していますね。よって、品詞分解すると「子／な／めり」で、訳は「**子供であるようだ**」です。

▼**12～13行目** 人 **なめり**

この「なめり」も、体言「人」に接続しているので、同様に「**人であるようだ**」と訳します。

今回のポイント ❷ 文法

結びの流れ

係り結びが結べない!?

文中に係助詞「ぞ・なむ・や・か・こそ」があれば、「係り結びの法則」で、文末の形が「ぞ・なむ・や・か」なら連体形、「こそ」なら已然形に変わりましたね。ですが、まれに、その形を変える部分に、接続助詞や係助詞などの他の語がついて、そのまま下に続いていく場合があります。次の**例**で確認してみましょう。

例1 花**こそ**咲け。（花が咲く。）

例2 花**こそ**咲く**に**、まだ寒し。（花は咲くが、まだ寒い。）

例1は、きれいな係り結びですね。文中に「**こそ**」があるので、文末が「**咲け**」と已然形になっています。

例2でも、文中に「**こそ**」があるのですが、本来「咲け」となるべき部分が「**咲く**」となっています。そして、「咲く」の下に接続助詞「**に**」がついています。接続助詞「に」の接続（＝上の形）は、**連体形**です。そこで、已然形の「咲け」ではなく、連体形の「**咲く**」が優先されます。このように、**本来「結び」として形を変えるべき語に、他の語がついたために結べなかったもの**を、「**結びの流れ**」（もしくは「結びの消滅」や「結びの消失」）といいます。

下についた語の接続が、たまたま結びの形と同じ活用形だとしても、下に続いていくのであれば「結びの流れ」と考えます。こちらも**例**で確認してみましょう。

例 花**こそ**咲け**ども**、まだ寒し。（花は咲くが、まだ寒い。）

「**こそ**」があり、「**咲け**」と已然形になっていますので、一見、係り結びが成立しているように思うかもしれませんが、「咲け」の下に接続助詞「**ども**」がついています。この已然形「**咲け**」は、あくまでも「**ども**」**の接続で已然形**になっていると考えますので、係り結びは成立しておらず、「**結びの流れ**」となるのです。

本文チェック!

▼**13行目** 少納言の乳母と**ぞ**言ふ**めるは**、この子の後見なるべし。

文中に係助詞「**ぞ**」があります。「少納言の乳母と**ぞ**言ふ**める**。」であれば、きれいな係り結びなのですが、本文では「める」の下に係助詞「**は**」がついて、さらに下に続いていますね。助動詞「めり」の連体形は「**める**」なので、一見、係り結びが成立しているように感じるかもしれませんが、この「める」は**「は」の接続で連体形**になっています。よって、「**結びの流れ**」です。

4

物語

源氏物語②

成立 平安時代中期

作者 紫式部

全五十四帖の長編物語。巻名には「桐壺」「夕霧」「浮舟」などの人物名や、「須磨」「明石」などの地名、その他「松風」「行幸《みゆき》」など様々あります。今回は「御法《みのり》」の巻から。

今回のポイント

❶ 古文常識 病気

❷ 古文常識 死

光源氏の最愛の人である紫の上の臨終の場面です。紫の上は、光源氏の恋人の娘（＝明石の中宮）を養女として育てました。光源氏・明石の中宮が、臨終間際の紫の上を見舞っています。

（紫の上が中宮に）「今は渡らせ給ひね。**乱り心地いと**苦しくなり侍りぬ。**言ふかひなく**なりにけるほどと言ひながら、いと**なめげに**侍りや」とて、御**几帳**引き寄せて臥し給へるさまの、常よりもいと頼もしげなく見え給へば、「いかに思さるるにか」とて、宮は御手をとらへ奉りて、泣く泣く見奉り給ふに、まことに消えゆく露の心地して、**限り**に見え給へば、御誦経《みずきやう》の使ひども、数も知らず立ち騒ぎたり。先ざきも、**かくて生き出で給ふ折**に

読解のヒント

光源氏・紫の上・明石の中宮の三人ともに敬語を使用していますので、敬語で主語把握をすることができません。

接続助詞のルールや文脈判断での主語把握が必要ですが、今回はあらかじめ示してあるので、これを参考にしてください。

語句と文法の確認

乱り心地＝気分がすぐれないこと。病気

いと＝とても

言ふかひなし＝どうにもならない

なめげなり＝失礼だ

几帳＝室内に立てる隔ての道具

限り＝臨終

かくて生き出で給ふ折＝危篤状態から生き返りなさる

（光源氏は）ならひ給ひて、御**物の怪**と疑ひ給ひて、夜一夜《よひとよ》**さまざまのこと**をし尽くさせ給へど、かひもなく、明け果つるほどに消え果て給ひぬ。

とき

物の怪＝人にとりつき病気や死に追いやる死霊・生霊

さまざまのこと＝加持祈祷《かじきとう》　※今回のポイントで学習します。

読解チェック　▼解答は125ページ

難 ①なぜ、紫の上は明石の中宮に「今は渡らせ給ひね（もうお帰りなさいませ）」と言ったのですか。

②「まことに消えゆく露」とは、誰のどのような様子ですか。

③紫の上が体調が悪くなった原因を、光源氏はどのように考えていますか。

図解

※ ■は今回のポイントです。

☜会話文の中に主語が書かれていない時、尊敬語か命令形があれば、主語は「あなた」になることが多い。

（紫の上が中宮に）「今は渡らせ給ひね。

あなた（＝中宮）は　せ：尊敬　給ひ：尊敬語　ね：完了 命令形

☜会話文の中に主語が書かれておらず、尊敬語も命令形もない場合、主語は「私」となることが多い。

私は

乱り心地いと苦しくなり侍りぬ。言ふかひなくなりにけるほどと言ひながら、いとなめげに侍りや」とて、御几帳引き寄せて臥し給へるさまの、常よりもいと頼もしげなく見え給へば、「いかに思さるるにか」とて、宮は御手をとらへ奉りて、泣く泣く見奉り給ふに、まことに消えゆく露の心地して、限りに見え給へば、御誦経《みずきやう》の使ひども、

苦しく：形容詞　侍り：丁寧語　ぬ：完了　言ふかひなく：形容詞　に：完了　ける：過去

なめげに：形容動詞　侍り：丁寧語　や：詠嘆　言って　を

☜後ろの「て」と「宮」から、「中宮」だとわかる。

給へ：尊敬語　る　の：主格（が）　頼もしげなく：形容詞　給へ：尊敬語

中宮が　あなた（＝紫の上）は　思さ：尊敬語　るる：自発　に：断定　か：疑問

言って　宮：尊敬　奉り：謙譲語　奉り：謙譲語　給ふ：尊敬語　紫の上が

給へ：尊敬語　が

現代語訳

（紫の上が中宮に）「もうお帰りなさいませ。気分がすぐれずとても悪くなりました。どうにもならなくなった状態とは言いながらも、（中宮の前で横になるのは）とても失礼でございます」と言って、御几帳を引き寄せて横になりなさる様子が、いつもよりもとても頼りなく見えなさるので、「どうなさいましたか」と言って、中宮は（紫の上の）お手をお取り申し上げて、泣きながら見申し上げなさると、本当に消えていく露のような感じがして、臨終のときと見えなさるので、御誦経の使者たちが、大勢騒ぎ出した。以前にも、このようにして危篤状態から生き返りなさったときに（光源氏は）なぞらわれて、物の怪のしわざではと疑いなさって、一晩中加持祈祷をさせなさったが、そのかいもなく、夜がすっかり明けきる頃に（紫の上は）お亡くなりになった。

数も知らず（打消）立ち騒ぎたり（完了）。先ざきも、かくて生き出で給ふ（尊敬語）折に

☞今にも死にそうな状態。

紫の上が

☞危篤から生き返った人は「紫の上」。

（光源氏は）ならひ給ひ（尊敬語）て、御物の怪と疑ひ給ひ（尊敬語）て、夜《よ》一夜《ひとよ》さまざまのことをし尽くさせ（使役）給へ（尊敬語）ど（逆接）、かひもなく（形容詞）、明け果つるほど

紫の上は

に消え果て給ひ（尊敬語）ぬ（完了）。

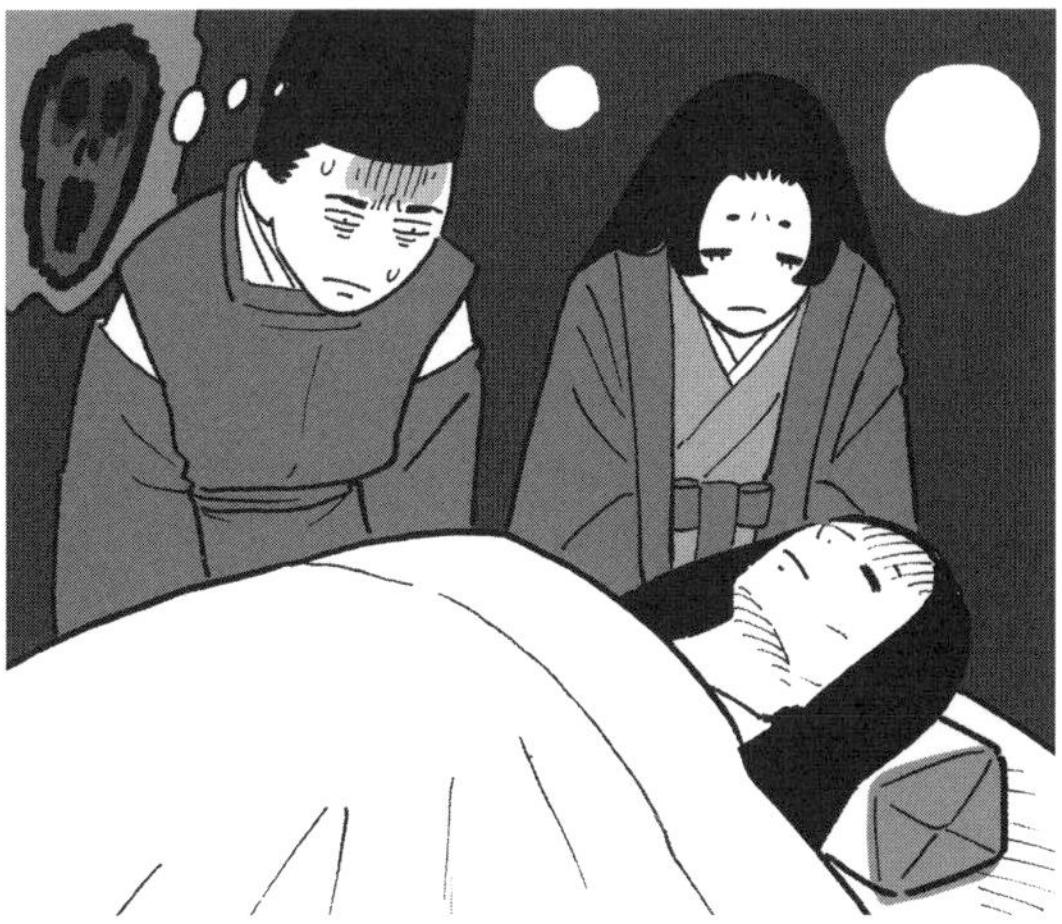

読解チェック解答

難

① 気分が悪くなったが、横になって対応するのは失礼だと思ったから。

② 紫の上の、今にも亡くなってしまいそうな様子。

③ 物の怪（＝死霊や生霊）のしわざ（だと考えている）。

今回のポイント

① 古文常識 病気

病気になれば、医者ではなく僧や修験者《しゅげんじゃ》を呼ぶ！

古文を読んでいると、病人が出てくることが少なくありません。

現代では、病気になれば、病院に行って医者に診察してもらったり、薬を飲んだりして、回復に努めますよね。

ですが、当時は病気になれば、**僧**や**修験者**《しゅげんじゃ》（＝呪力などを体得し、山で修行をする者）を呼んで、お経を読んでもらったり、呪文を唱えてもらったりなどして、お祈りをしてもらうのです（このお祈りを「**加持祈祷**《かじきとう》」といいます）。

なぜかというと、病気の原因は、死霊や生霊などの類である「**物の怪**《もののけ》」だと考えられていたからです。病気を治すためには、物の怪を追い払う（＝**調伏する**《ちょうぶくする》）必要があり、お坊さんたちに加持祈祷をしてもらうのです。

病気だけではなく、**お産の苦しみも物の怪のしわざ**だと考えられていました。ですから、高貴な女性が難産の場合、たくさんの僧たちが呼び出されて、一晩中、大きな声でお経を読んだり、呪文を唱えたりなど、必死で加持祈祷をする場面などもよく描かれていますよ。

本文チェック！

▼**6〜7行目**　限りに見え給へば、御誦経の使ひども、数も知らず立ち騒ぎたり。

「**限り**」とは「**最期・臨終**」の意味です。「誦経」は、声を出してお経を読むことです。

紫の上がご臨終の様子なので、お経を読む僧たちが、大勢で遣わされて加持祈祷をしているのです。

▼**8〜9行目**　御物の怪と疑ひ給ひて、夜一夜さまざまのことをし尽くさせ給へど……

物の怪のしわざだと疑った光源氏は、一晩中さまざまなことをさせました。この「さまざまなこと」というのが、まさに「加持祈祷」です。

今回のポイント ❷ 古文常識 死

「死」は不吉な言葉なので、他の表現で表すことが多い

「死」は不吉なものと考えられており、文字で「死ぬ」とそのまま書くことを避ける風潮がありました。

「死ぬ」を表す様々な表現がありますので、代表的なものをまとめておきましょう。

古文で「死」を表す表現

- うす【**失す**】
  ※「行方不明になる・消え去る」の意味も。
- かくる【**隠る**】
- みまかる【**身罷る**】
- きえはつ【**消え果つ**】
  ※「すっかり消える・関係が途絶える」の意味も。
- いふかひなくなる
- いたづらになる
- あさましくなる

本文チェック！

▼**9〜10行目** 明け果つるほどに**消え果て**給ひぬ。

訳は「夜がすっかり明けきる頃に（紫の上は）お亡くなりになった」です。

「**V**《動詞》＋**はつ**」は「**すっかり〜しきる**」の意味。

「消え果つ」➡「この世からすっかり消える」＝「死ぬ」と覚えておくとよいですね。

5
歴史物語
大鏡

成立 平安時代後期
作者 未詳

今回のポイント
文法 「る」「れ」の識別

平安時代後期に成立した歴史物語。藤原道長の栄華を中心に書かれた作品です。一九〇歳の大宅世継《おおやけのよつぎ》と一八〇歳の夏山繁樹《なつやまのしげき》が、若侍と会話をしながらすすむ対話形式。紀伝体（＝帝王・人物にスポットをあてる書き方）。「四鏡《しきょう》」の一つ。

藤原兼家が、「自分の息子たちが追いつくことなど到底できそうにない」と絶賛していた藤原公任《きんとう》という人がいましたね。しかし、道長だけが「（公任の）顔を踏んでやる」と言っていました。その後の公任と道長が出てくるお話です。
さて、二人の力関係はいかに。

一年《ひととせ》、**入道殿**の**大井川**に**逍遥**《せうえう》せさせ給ひしに、**作文**《さくもん》の船・管絃の船・和歌の船と分かたせ給ひて、その道に**堪へ**たる人々を乗せさせ給ひしに、この**大納言殿**の参り給へるを、入道殿、「かの大納言、いづれの船にか乗らるべき」と**のたまはすれ**ば、「和歌の船に乗り侍らむ」と**のたまひ**て、詠み給へるぞかし。

小倉山嵐の風の寒ければ紅葉の錦着ぬ人ぞなき

読解のヒント

当時、和歌・漢詩・音楽などに長《た》けている人物は一目置かれましたが、その中でも「漢詩」などの漢籍ができることは、貴族の男性にとって出世の材料になるほど、とても重要視されていました。

語句と文法の確認

入道殿＝藤原道長。後の「殿」も同じ
大井川＝京都嵯峨野の南を流れる大堰川
逍遥＝そぞろ歩き。ここでは「船遊び」
作文＝漢詩を作ること
堪ふ＝優れている
大納言殿＝藤原公任
のたまはす・のたまふ＝おっしゃる
※「言ふ」の尊敬語。「のたまはす」は最高敬語。

申し受け給へるかひありて**あそばし**たりな。御自らものたまふなるは、「作文のにぞ乗るべかりける。さてかばかりの詩を作りたらましかば、名の上がらむこともまさりなまし。**口惜しかり**けるわざかな。さても、殿の、『いづれにかと思ふ』とのたまはせしになむ、我ながら**心おごり**せられし」とのたまふなる。一事《ひとこと》の優《すぐ》るるだにあるに、かくいづれの道も抜け出で給ひけむは、**いにしへ**も侍らぬことなり。

小倉山＝京都市右京区嵯峨にある小倉山
あそばす＝動作を表す語の尊敬語。ここでは「お詠みになる」の意味
口惜し＝残念だ
心おごり＝得意になること。慢心すること
いにしへ＝昔

読解チェック ▼解答は131ページ

① 公任は、何の船に乗りましたか。
② 公任が、「口惜しかりけるわざかな（残念なことだなあ）」と後悔したのはなぜですか。
③ どのようなことが「いにしへも侍らぬ（昔にもない）」のですか。

図解

※ は今回のポイントです。

一年《ひととせ》、入道殿の大井川に逍遥《せうえう》せさせ給ひしに、作文《さくもん》の船・管絃の船・和歌の船と分かたせ給ひて、その道に堪へたる人々を乗せさせ給ひしに、この大納言殿の参り給へるを、入道殿、「かの大納言、いづれの船にか乗らるべき」とのたまはすれば、「和歌の船に乗り侍らむ」とのたまひて、詠み給へるぞかし。

小倉山嵐の風の寒ければ紅葉の錦着ぬ人ぞなき

- 入道殿の（主格・が）　せ（尊敬）させ（尊敬）給ひ（尊敬語）し（過去）に（時）
- せ（尊敬）給ひ（尊敬語）　たる（存続）
- させ（尊敬）給ひ（尊敬語）し（過去）　入道殿には二重敬語。
- 大納言殿の（主格・が）参り（謙譲語）給へ（尊敬語）る　大納言には尊敬語が一つ。
- 入道殿（が）
- かの大納言（は）　か（疑問）　のたまはすれ（尊敬語）　入道殿には、「のたまふ」より敬意の強い「のたまはす」を使用。
- 大納言は
- 私は　尊敬語や命令形がないことから。
- 侍ら（丁寧語）む（意志）
- のたまひ（尊敬語）　「」の後ろが「のたまふ」なので、大納言の言葉と判断。
- 給へ（尊敬語）る　ぞ（強意）かし（念押し）
- 風の（主格・が）寒けれ（形容詞）　ぬ（打消）　ぞ（強意）　なき（形容詞）

現代語訳

ある年、入道殿〔＝藤原道長〕が大堰川で船遊びをなさったときに、漢詩を作る船、音楽の船、和歌の船と分けなさって、その道に優れている人々を乗せなさったが、この大納言殿〔＝藤原公任〕が参上なさったので、入道殿が、「あの大納言は、どの船にお乗りになるだろうか」とおっしゃったところ（大納言は）「和歌の船に乗りましょう」とおっしゃって、（歌を）詠みなさったよ。

小倉山や嵐山から吹いてくる風が寒いので、紅葉が散って人々の服の上にかかり、錦の着物を着ていないものはいないよ〔＝紅葉がかかり、皆が錦の着物を着ているように見える〕。

お願い申し出て引き受けなさったかいがあって（見事に）お詠みになったなあ。（大納言が）ご自身でもおっしゃったとかいうのは、「漢文を作る船に乗ればよかったなぁ。そして、これぐらいの〔＝和歌と同じくらいに見事な〕漢詩を作ったならば、名声が上がることもまさっただろうに。残念なことだなあ。それにしても、大納言は申し受け給へるかひありてあそばしたりな。御自らものたまふなるは、「作文にぞ乗るべかりける。さてかばかりの詩を作りたらましかば、名の上がらむこともまさりなまし。口惜しかりけるわざかな。さても、殿の、『いづれにかと思ふ』とのたまはせしになむ、我ながら心おごりせられし」とのたまふなる。一事《ひとこと》の優《すぐ》るるだにあるに、かくいづれの道も抜け出で給ひけむは、いにしへも侍らぬことなり。

- 申し受け：謙譲語／給へ：尊敬語 → 大納言は
- 👆尊敬語が一つであることからわかる。
- あそばし：尊敬語／たり：完了／な：詠嘆 → 大納言が
- 👆「のたまふ」からわかる。
- 御自ら：尊敬／のたまふ：尊敬語／なる：伝聞
- 作文の：準体格（私は）／に（船）／ぞ（×）
- べかり：適当／ける：詠嘆（私が）
- たら：完了／ましかば：反実仮想
- 名の：主格（が）／む：婉曲
- な：強意／まし：反実仮想／口惜しかり：形容詞
- ける：過去／かな：詠嘆
- 殿の：主格（が）／か：疑問／のたまはせ：尊敬語
- し：過去／なむ（×）：強意
- られ：自発／し：過去
- のたまふ：尊敬語／なる：伝聞
- だに：類推（まれで）
- 👆文脈から、「まれで」や「難しい」などを入れて解釈する。
- 給ひ：尊敬語／けむ：過去の伝聞婉曲（大納言が）
- 👆尊敬語が一つであることから。
- 侍ら：丁寧語・未然形／ぬ：打消／こと：体言／なり：断定

入道殿が、『どの船に（乗ろう）と思うか』とおっしゃったことは、我ながらつい得意気になった」とおっしゃったそうだ。一つの事に優れるのでさえ（まれで）あるのに、このようにどの分野でも抜きん出ていらっしゃったとかいうのは、昔にもないことでございます。

読解チェック解答

① 和歌（の船）。

② 和歌と同程度の漢詩を作ったら、もっと名声を得ていたはずだから。

③ どの分野でも抜きん出ていること。

道長が「どの船に」と言ったのは、公任のどの才能も認めているからで、それを公任が喜んでいることから、公任より道長のほうが立場が上だとわかります。敬語も、道長には二重敬語や最高敬語、公任には尊敬語が一つですね！

今回のポイント　文法

「る」「れ」の識別

「る」「れ」の文字が助動詞の場合、「る」（受身・尊敬・可能・自発）か「り」（完了・存続）を判断すべし！

古文を読んでいて、動詞につく「**る**」と「**れ**」が出てきてた場合は、助動詞「る」（**受身・尊敬・可能・自発**）か助動詞「り」（**完了・存続**）のどちらかです。

		未然形	連用形	終止形	連体形	已然形	命令形
受身 尊敬 可能 自発	る	**れ**	**れ**	**る**	**るる**	**るれ**	**れよ**
完了 存続	り	ら	り	り	**る**	**れ**	**れ**

この二つを取り間違えてしまうと、本当は「（召使いが）歌を詠ん**だ**」という**完了**の文脈を、「歌を詠み**なさる**」と**尊敬**でとらえてしまい、主語を偉い人だと思い込み、間違えた主語をあてはめて読み進めてしまい、全然違う話になってしまうこともあり得ます。

どちらなのかを正しく識別できるようにしましょう。

「る」と「れ」の識別は、「ぬ」と「ね」の識別と同様に「助動詞の接続」を利用します。

- **助動詞「る」……四段・ナ変・ラ変の未然形に接続**
- **助動詞「り」……サ変の未然形か四段の已然形に接続**

たとえば、「思は**る**」ならば、**四段**「思ふ」の**未然形**「思は」に「る」がついているので、この「**る**」は助動詞「**る**」です。「思ふ」と心情動詞についていますので、この「る」は自発と考えられます（36ページ）。よって、「思はる」の訳は、「自然と思う・思わずにはいられない」となりますね。

一方、「思へ**る**」ならば、**四段**「思ふ」の**已然形**「思へ」に「る」がついているので、この「**る**」は助動詞「**り**」です。「存続」（思っている）なのか「完了」（思った）なのかは、文脈判断をするのでしたね（43ページ）。

ひとまず「存続」で訳してみて、OKかどうかを確認しましょう。

さらに簡単に識別する方法もあります！

このように、接続を確認することで「る」と「れ」は識別できるのですが、実は、もっと簡単に見分ける方法があるのです！

動詞につく「る」や「れ」が出てきた場合、「る」と「れ」の上の文字の段を確認してみてください。

ア段であれば「**る**」、**エ段**であれば「**り**」です。

なぜならば、助動詞「る」の接続は**四段・ナ変・ラ変の未然形**でしたね。それぞれ具体的に「a」・「な」・「ら」です。つまり、**ア段**ですね。

助動詞「り」の接続は、**サ変の未然形**か**四段の已然形**。こちらも、具体的には「**せ**」か「e」なので**エ段**です。

先ほどの「思**はる**」の「**る**」の上の文字は「**は**」なので**ア段**です。よって、助動詞「**る**」ですね。

「思**へる**」の場合、「**る**」の上の文字は「**へ**」なので**エ段**です。よって、助動詞「**り**」と判別できるのです。

こちらのほうが、数秒で識別できてとっても便利ですね！

本文チェック！

▼**3行目**　参り給**へる**
直前の音が**エ段**なので、この「**る**」は助動詞「**り**」ですね。
意味は**完了**です。

▼**4行目**　乗**らる**べき
直前の音が**ア段**なので、この「**る**」は助動詞「**る**」ですね。
意味は**尊敬**です。

▼**5行目**　詠み給**へる**
直前の音が**エ段**なので、この「**る**」は助動詞「**り**」ですね。
意味は**完了**です。

▼**7行目**　申し受け給**へる**
直前の音が**エ段**なので、この「**る**」は助動詞「**り**」ですね。
意味は**完了**です。

6

軍記物語

平家物語

今回のポイント
① 読解 挿入句
② 古文常識 方角

成立 鎌倉時代前期
作者 未詳

鎌倉時代成立の軍記物語。平氏の栄華と没落が主題。盲目の琵琶《びわ》法師によって「平曲《へいきょく》」として語られて広まりました。「祇園精舎《ぎをんしやうじや》の鐘の声、諸行無常《しよぎやうむじやう》の響きあり。沙羅双樹《しやらさうじゆ》の花の色、盛者必衰《じやうしやひつすい》のことわりをあらはす」という冒頭文が有名。

源義経《よしつね》は、木曽義仲追討の命を受け、義仲を追って宇治川まで来ました。宇治川の向こう岸に義仲の軍がいますが、雪解けによって宇治川は増水しており、簡単に渡ることができそうもありません。さあ、家来はどうする!?

ここに大将軍《たいしやうぐん》**九郎御曹司《くらうおんざうし》**、**川**の端《はた》に進み出《い》で、水の面《おもて》を見渡して、人々の心を見んとや思はれけん、「いかがせん、**淀《よど》**、**一口《いもあらひ》**へや回るべき、**水の落ち足《あし》**をや待つべき」と**のたまへ**ば、**畠山《はたけやま》**、そのころはいまだ**生年《しやうねん》**二十一になりけるが、進み出でて申しけるは、「鎌倉にてよくよくこの川の**御沙汰《ごさた》**は**候《さうら》ひ**しぞかし。**知ろしめさぬ**海川《うみかは》の、**にはかに**できても**候はばこそ**。この川は近江の

読解のヒント

『平家物語』は、「和漢混交文《わかんこんこうぶん》」という和文と漢文の両方の要素を持つ文体で書かれているので、少し固い印象を受けるのではないでしょうか。文体を楽しみながら読んでみましょう。

語句と文法の確認

九郎御曹司＝源義経。源義朝《よしとも》の第九子
川＝宇治川
淀、一口＝現在の京都市伏見区淀付近の地名
水の落ち足＝水かさの減りぎわ
のたまふ＝おっしゃる
※「言ふ」の尊敬語。
畠山＝畠山庄司次郎重忠《しょうじじろうしげただ》。武士
生年＝年齢
御沙汰＝御評定。御指示

湖の末なれば、待つとも待つとも水干《ひ》まじ。橋をばまたたれか渡いてまゐらすべき。**治承《じしやう》の合戦**に、**足利又太郎忠綱《あしかがのまたたらうただつな》**は**鬼神《おにがみ》**で渡しけるか。重忠《しげただ》**瀬踏みつかまつらん**」とて、**丹《たん》の党**を**むね**として、五百余騎ひしひしと**轡《くつばみ》**を並ぶるところに、**平等院**の丑寅《うしとら》、**橘《たちばな》の小島《こじま》が崎《さき》**より、武者二騎ひつ駆けひつ駆け出で来たり。一騎は梶原源太景季《かぢはらげんだかげすゑ》、一騎は佐々木四郎高綱《ささきしらうたかつな》なり。

候ふ＝ございます
※「あり」の丁寧語。
知ろしめす＝知っていらっしゃる
※「知る」の尊敬語。
にはかなり＝突然だ
候はばこそ＝ございますならばともかく
治承の合戦＝源三位頼政が以仁王《もちひとおう》の命令を受けて、治承四（一一八〇）年に挙兵したが失敗に終わる。宇治の平等院で敗死
足利又太郎忠綱＝頼政を攻めた平家方の武将
鬼神＝恐ろしい力を持つ神
瀬踏み＝瀬［＝水が浅く、流れがはやいところ］を確かめること
つかまつる＝いたす
※「す」の謙譲語。
丹の党＝武蔵国にあった武士集団の一つ
むね＝中心。主力
轡＝くつわ。馬の口にかませる金具
平等院＝現在京都府宇治市にある寺
橘の小島が崎＝宇治橋の西にある宇治川の中州の名前

読解チェック

▼解答は137ページ

① 義経が「いかがせん（どうしよう）」と言ったのは、なぜだと作者は考えていますか。
② 宇治川は近江の湖（琵琶湖）の末流だからどうなのですか。
③ 橘の小島が崎は、平等院のどの方角にありますか。

図解

※ ■ は今回のポイントです。

ここに大将軍九郎御曹司《たいしやうぐんくらうおんざうし》、（が）川の端《はた》に進み出《い》で、水の面《おもて》を見渡して、人々の心を見ん（意志）とや（疑問）思はれ（尊敬）けん（過去推量）、「いかがせ（サ変）ん（意志）、淀《よど》、一口《いもあらひ》へや（疑問）回るべき（適当）、水の落ち足《あし》をや（疑問）待つべき（適当）」とのたまへ（尊敬語）ば、畠山《はたけやま》、（が）そのころはいまだ生年《しやうねん》二十一になりける（過去）が、進み出でて申し（謙譲語）ける（過去）は、「鎌倉にてよくよくこの川の御沙汰《ごさた》は候《さうら》ひ（丁寧語）し（過去）ぞ（強意）かし（念押し）（「！」）。知ろしめさ（尊敬語）ぬ（打消）海川《うみかは》の（主格）、（が）にはかに（形容動詞）できても候は（丁寧語）ばこそ。（ともかく）この川は近江の

「淀、一口へ回る」と「水の落ち足を待つ」を比較していますね。

☝文脈から判断して補う。

現代語訳

この時、大将軍九郎御曹司（＝源義経）が、宇治川の端に進み出て、水面を見渡して、（部下の）人々の心を見ようと思いなさったのだろうか、「どうしよう、淀、一口へ回るのがよいか、水かさの減りぎわを待つのがよいか」とおっしゃったので、

畠山（＝重忠）が、そのころはまだ二十一歳になったぐらいの者だが、進み出て申し上げたことには、「鎌倉で十分この川の御評定はございましたよ。ご存知ではない海や川が、突然現れましたのならともかく。この川は近江の湖（琵

湖の末なれば、待つとも待つとも水干《ひ》まじ。橋をばまたたれか渡いてまゐらすべき。治承《ぢしやう》の合戦に、足利又太郎忠綱《あしかがのまたたらうただつな》は鬼神《おにがみ》で渡しけるか。重忠《しげただ》瀬踏みつかまつらん」とて、丹《たん》の党をむねとして、五百余騎ひしひしと轡《くつばみ》を並ぶるところに、平等院の丑寅《うしとら》、橘《たちばな》の小島《こじま》が崎《さき》より、武者二騎ひつ駆けひつ駆け出で来たり。一騎は梶原源太景季《かじはらげんだかげすゑ》、一騎は佐々木四郎高綱《ささきしらうたかつな》なり。

断定 / ハ行上二段 / 打消推量 / （だれ） / 反語 / 謙譲語 / 可能 / 謙譲語 / 過去 / 意志 / 言っ / カ変 / 完了 / 断定

ここは「〜ので」と訳し、後ろに結果がきます。

反語と一緒に用いているので、まずは「可能」で考える。

自分で、自分の下の名前を呼んでいますね。

琵琶湖）の末流であるので、待っても待っても水は干上がるまい。橋をまた誰がかけ渡し申し上げられるか、いや、できない。治承の合戦のときに、足利又太郎忠綱は恐ろしい力を持つ鬼神として渡ったのか。私重忠が瀬（の深さ）を確かめいたそう」と言って、丹の党を主力として、五百騎余りがびっしりとくつわを並べる所に、平等院の北東、橘の小島が崎から、武者二騎が駆けて駆けて現れた。一騎は梶原源太景季、一騎は佐々木四郎高綱である。

読解チェック解答

① 部下たちの心意気がどうなのか見ようと思ったから（と作者は考えている）。
② （琵琶湖の末流なので、）待ったとしても水は干上がらない。
③ 北東。

今回のポイント ① 読解 挿入句

文中に、作者の考えや疑問が書いてあることがある。

突然ですが、次の現代語の例を見てください。

● 姪のゆかちゃんが、遠慮しているのかな、おやつに出したケーキを食べない。

この文の真ん中にある「遠慮しているのかな」という部分は、予想であって、事実かどうかはわかりませんよね。

本当は、お腹がいっぱいなだけかもしれないし、ケーキが嫌いなのかもしれないし、お母さんに「おやつは食べちゃダメ」と止められているのかもしれません。「遠慮している」というのは、あくまでも予想に過ぎないので、本当の理由はわかりません。

この「遠慮しているのかな」のように、**文の中にさし入れられた部分**を「**挿入句**」といいます。多くは、**書き手の考えや疑問**などが入るのが一般的です。

さて、この「挿入句」ですが、**話の大筋をとりたい場合は、飛ばしてしまって大丈夫**です。先ほどの例文でも、確実なことは「姪のゆかちゃんが、おやつに出したケーキを食べない」ことですよね。

そして、古文にも「挿入句」があります。「挿入句」は、次のような形で出てきます。

〜〜、……疑問語……推量系の連体形、〜〜

例 実方中将、**いかなる憤りかありけん**、殿上に参り給ひて……
（実方中将が、**どのような憤りがあったのだろうか**、殿上の間に参上なさって……）

色字部分が「挿入句」です。大筋を取るだけであれば、この**色字**部分は飛ばしてOKです。万一、「挿入句」の中に、自分が知らないような難しい単語があったとしても、焦る必要はありません！

疑問語にあたる語が係助詞「や」「か」の時に、結びの省略が起きている次のような場合もあります。

〜〜、……にや、〜〜
〜〜、……にか、〜〜

そして、次のように、出だしが「挿入句」になっている場合もあります。

例 **いづれの御時にか**、女御、更衣あまたさぶらひたまひける中に、……

『源氏物語』の冒頭部分でしたね。「いつの帝の御代のことであっただろうか」というのは、作者の疑問です。

本文チェック！

▼**1〜3行目**　水の面を見渡して、**人々の心を見んとや思はれけん**、「いかがせん、〜」とのたまへば、……

色字の部分が「挿入句」ですね。「人々（＝部下の人々）の心意気を見ようと思ったのだろうか」というのは、あくまでも作者の考えです。「義経が水面を見渡して、『どうしよう、〜』とおっしゃった」のが紛れもない事実です。

今回のポイント ❷ 古文常識 方角

方角は干支で表す！

まずは、干支の確認です。「**子**《ね》・**丑**《うし》・**寅**《とら》・**卯**《う》・**辰**《たつ》・**巳**《み》・**午**《うま》・**未**《ひつじ》・**申**《さる》・**酉**《とり》・**戌**《いぬ》・**亥**《ゐ》」ですね。単独で出てきても、読めるようにしておきましょう。

方角は次のように、「**子**」が**北**になり、順番に時計回りで表します。

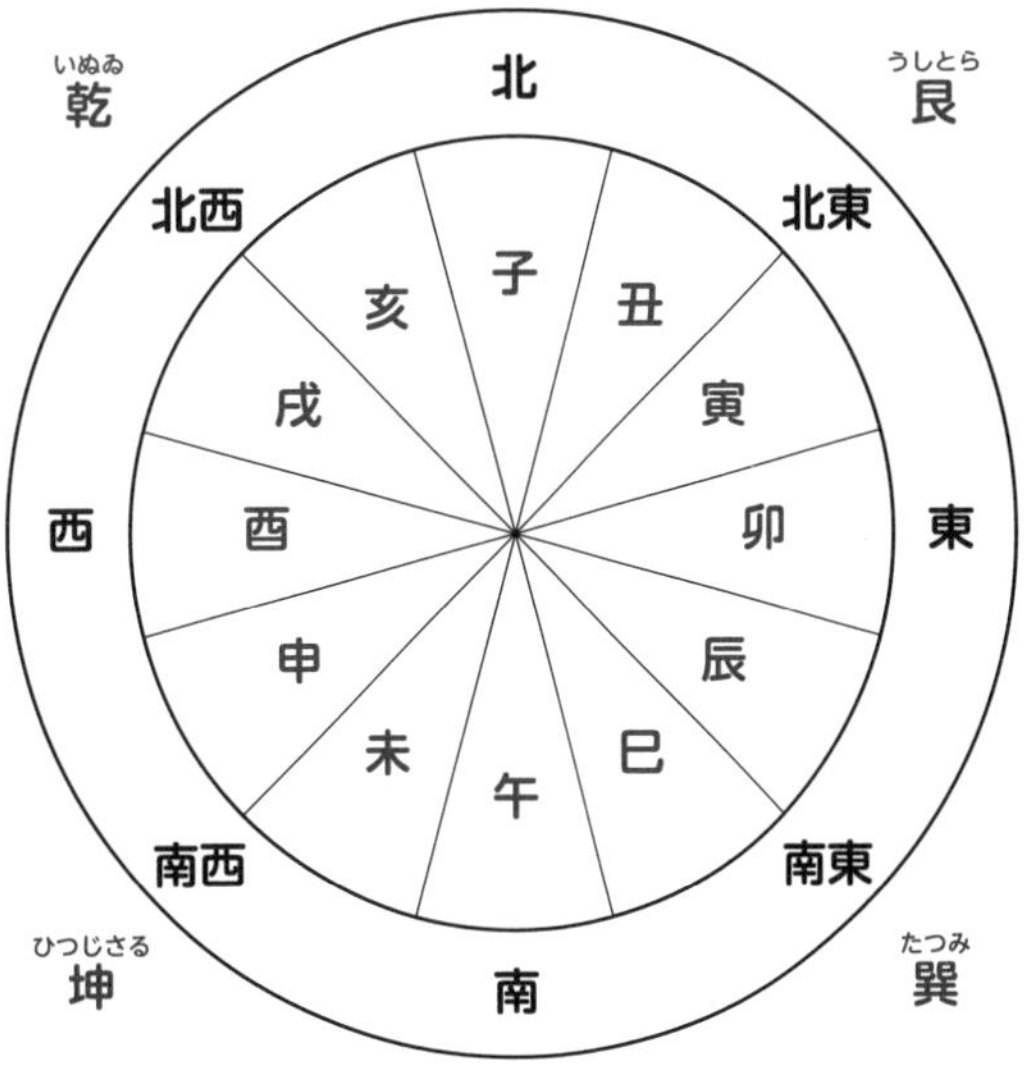

よって、「**卯**」が**東**、「**午**」が**南**、「**酉**」が**西**です。間の「**丑寅**」は**北東**、「**辰巳**」は**南東**、「**未申**」は**南西**、「**戌亥**」は**北西**ですね。

「丑寅」と表す場合もありますが、漢字一字で「**艮**」です。同様に、「辰巳」＝「**巽**」、「未申」＝「**坤**」、「戌亥」＝「**乾**」です。きちんと読めるようにしておけば、方角がわかりますね！

本文チェック！

▼**10行目**　平等院の**丑寅**、橘《たちばな》の小島《こじま》が崎《さき》より、……

「橘の小島が崎」は平等院の**北東**にあることがわかります。

7

日記

土佐日記

成立 九三五年頃
作者 紀貫之《きのつらゆき》

平安時代中期に成立した最古の仮名日記。女性に仮託して書かれた作品。土佐の国司となり赴任していた貫之。任務を終え、土佐から京都へ帰る際の船旅日記。早く京の都に帰りたいという願いや、土佐で亡くした女児のことなどを記しています。

幼い子の素直で純粋な発言は、とってもかわいらしいですよね。その無邪気さに、疲れや嫌な気持ちが吹っ飛んでホッとすることもありますね。
かわいらしいだけではなく、思いがけず共感させられるような発言が飛び出すことも！

男もすなる日記といふものを、女もしてみむとて、するなり。

（中略）

十一日《とをかあまりひとひ》。**暁**《あかつき》に船を出だして、**室津**《むろつ》を追ふ。人みなまだ寝たれば、海のありやうも見えず。ただ、月を見てぞ、西東《にしひむがし》をば知り

今回のポイント
❶ 文法 「なり」の識別
❷ 文法 「いかで〜意志・願望」

読解のヒント

土佐国から京の自宅に到着するまで五十五日かかりました。
悪天候で出港できなかったり、海賊が襲ってくるかもしれない恐怖があったり、船に乗っている人々は一日でも早く京都に戻りたい気持ちでいっぱいです。

（語句と文法の確認）

暁＝夜明け前
室津＝現在の高知県室戸市室津
例のことども＝いつも習慣にしていること
羽根＝現在の室戸市羽根町
いかで〜願望＝なんとかして〜願望
とく＝早く
げに＝本当に

ける。かかる間に、みな夜明けて、手洗ひ、**例のことども**して、昼になりぬ。今し、羽根といふ所に来《き》ぬ。若き童《わらは》、この所の名を聞きて、「**羽根**といふ所は、鳥の羽《はね》のやうにやある」と言ふ。まだ幼き童の言《こと》なれば、人々笑ふ時に、ありける女童《をむなわらは》なむ、この歌を詠める。

まことにて名に聞くところ羽根ならば飛ぶがごとくに都へ
もがな

とぞ言へる。男も女も、「**いかでとく**京へ**もがな**」と思ふ心あれば、この歌よしとにはあらねど、「**げに**」と思ひて、人々忘れず。

読解チェック

▼解答は143ページ

① どうやって西や東の方角を把握しましたか。
② 女の子は、羽根ならばどうだと和歌で詠みましたか。
③ 人々が女の子の和歌を忘れなかったのはなぜですか。

図解

※ 　 は今回のポイントです。

男もすなる日記といふものを、女もしてみむとて、するなり。

（中略）

十一日《とをかあまりひとひ》。暁《あかつき》に船を出だして、室津《むろつ》を追ふ。人みなまだ寝たれば、海のありやうも見えず。ただ、月を見てぞ、西東《にしひむがし》をば知りける。かかる間に、みな夜明けて、手洗ひ、例のことどもして、昼になりぬ。今し、羽根といふ所に来《き》ぬ。若き童《わらは》、この所の名

- 男：とても有名な冒頭の文です。
- す：サ変
- む：意志
- みむとて：思っ
- する：サ変
- たれ：存続
- ず：打消
- ぞ：強意
- をば：助詞「を＋ば」の「ば」→消してOK
- ける：過去
- して：サ変
- なりぬ：用→完了
- 今し：強意
- 来：カ変
- ぬ：用→完了
- 若き：形容詞
- 童：が

現代語訳

男が書くとかいう日記というものを、女の私も書いてみようと思って、書くのである。

（中略）

十一日。夜明け前に船を漕ぎ出して、室津を目指して行く。人々は皆まだ寝ていたので、海の様子もわからない。ただ、月を見て、西東（の方角）を知った。こうしている間に、すっかり夜が明けて、手を洗い、いつも習慣にしていることをして、昼になった。ちょうど今、羽根という所に来た。幼い子が、この場所の名を聞いて、「羽根という所は、鳥の羽のような形なのか」と言う。まだ幼い子の言葉なので、人々が笑うときに、そこにいた女の子が、この歌を詠んだ。

を聞きて、「羽根といふ所は、鳥の羽《はね》のやうにやある」と言ふ。まだ幼き童の言《こと》なれば、人々笑ふ時に、ありける女童《をむなわらは》なむ、この歌を詠める。

まことにて名に聞くところ羽根ならば飛ぶがごとくに都へ
もがな

とぞ言へる。男も女も、「いかでとく京へもがな」と思ふ心あれば、この歌よしとにはあらねど、「げに」と思ひて、人々忘れず。

☜「体言＋に」だが、下にハッキリ「女童」と書いてある。

☜「心情＋ば」

形容詞　断定　疑問　強意　完了（り）　未→仮定条件　比況　願望　打消

本当に名に聞く場所が（鳥の）羽根であるならば、飛ぶように（早く）都に帰りたいと言った。男も女も「なんとかして早く都へ帰りたい」と思う心があるので、この歌がすぐれているというわけではないけれど、「本当に」と思って、人々は（この歌を）忘れない。

本当に羽根なら…
GOTO都
ビューン
ふむ
ふむ

読解チェック解答

① 月を見て（把握した）。
② 飛ぶように都に帰りたい（と詠んだ）。
③ なんとかして早く都に帰りたいと思っていたので、和歌に共感したから。

今回のポイント ① 文法 「なり」の識別

「なり」が出てきたら、上を確認しよう！

古文を読んでいて「なり」の文字があれば、次の四つの可能性があります。

> ❶ 断定・存在の助動詞「なり」
> ❷ 伝聞・推定の助動詞「なり」
> ❸ 形容動詞「ナリ活用」の活用語尾
> ❹ ラ行四段活用動詞「なる」の連用形

これらを見分けるためには、上を確認しましょう。

「断定・存在の助動詞」と「伝聞・推定の助動詞」を見分けるには、第1章の32～33ページで見たように接続を利用すればよいですね。

「断定・存在」の「なり」は、体言・連体形接続。
「伝聞・推定」の「なり」は、終止形接続。

---

❶ 断定・存在の助動詞「なり」

「断定・存在の助動詞」の上は、体言か連体形です（まれに、助詞や指示副詞などにもつきます）。

例 みな［虚言］**なり**。（全部嘘**である**。）

❷ 伝聞・推定の助動詞「なり」

「伝聞・推定の助動詞」の上は、終止形かラ変型の連体形です。

例 松虫の声**すなり**。（サ変 終）（松虫の声がする**ようだ**。）

次のようにラ変型の連体形の場合は、「断定」と「伝聞推定」、どちらの可能性もありえるので、この場合は文脈判断をする必要があります。

例 **ある**（ラ変型 連体形） **なり**（断定 or 伝聞推定）

終止形接続の助動詞は、ラ変型のときには連体形につきましたね！

ただし、「ある」が「あん」と撥音便になっていれば、下の「なり」は、**伝聞・推定の助動詞**です。

そして、**撥音便無表記**につく「なり」も、**伝聞・推定の助動詞**です。次の形になることが多いので、覚えておくと便利です！

〜 あ・か・ざ・た・な （ん） なり（伝聞推定）

例 海賊は夜歩きせざ**なり**。（海賊は夜には行動しない**ようだ**。）

たとえば、「あんなり」「あなり」「ざんなり」「ざなり」「なんなり」「ななり」の「なり」は、伝聞・推定ですね。

❸ 形容動詞「ナリ活用」の活用語尾

次に、**形容動詞**「ナリ活用」の活用語尾の見分け方を見ていきましょう。

形容動詞の活用語尾の「なり」は、上が**様子や状態**です。

そして、「なり」の真上が、「**か**」「**げ**」「**ら**」の文字になっていることが多いです。

例 はなやか**なり**

例 おぼろげ**なり**

例 きよら**なり**

ただし、「か」「げ」「ら」以外もありますので、「**形容動詞は、様子や状態に（「なり」が）つく**」という基本をしっかりおさえておきましょう。

❹ ラ行四段活用動詞「なる」の連用形

最後に、動詞「なる」の連用形の場合ですが、**「なる」と訳せる「なり」が動詞**です。

上が「ず」「と」「に」「く」の文字になっていることが多いです。

例 睦月**になりて**、……　（一月になって、……）

上が「に」の文字で、「一月**なる**」と訳しておかしくないですよね。この「**なり**」は動詞です。

「なり」の識別は、入試でも特によく問われるものの一つです。

だからこそ、しっかりと見分けられるようにしておきたいですよね。

「今回のポイント」の冒頭でもお話した通り、「なり」が出てきたら、まずは上を確認する習慣をつけましょう！

本文チェック！

▼**1行目**　男も**すなる**日記

直前の語「**す**」はサ変動詞の**終止形**です。したがって、この「**なる**」は**伝聞推定**ですね。

▼**1行目**　〜してみむとて、**するなり。**

直前の語「**する**」はサ変動詞の**連体形**です。したがって、この「**なり**」は**断定**です。

▼**5行目**　昼に**なり**ぬ。

上の文字が「**に**」で、「昼に**なる**」と訳しておかしくないですね。この「**なり**」は**動詞**です。

▼**7行目**　幼き童の**言なれ**ば、……

直前の語「**言**」＝**体言**なので、この「**なれ**」は**断定**の助動詞「なり」の已然形です。

▼**9行目**　聞くところ**羽根なら**ば

直前の語「**羽根**」＝**体言**なので、この「**なら**」は**断定**の助動詞「なり」の未然形です。

今回のポイント ❷ 文法 「いかで〜意志・願望」

「いか系」は「疑問」か「反語」で訳しますが、意志か願望と一緒に用いられた場合には、訳し方が変わります！

「いかで（か）」「いかにして」などが、推量と一緒に用いられていれば、通常通り「疑問」か「反語」です。

ですが、**意志**か**願望**と一緒に用いられた場合は、「**なんとかして・どうにかして**」と訳します。

「いかで（か）」「いかにして」などが出てきた場合には、どのような語と一緒に用いられているかを確認しましょう。

例 **いかで**あきらめ**ばや。**（**なんとかして**はっきりさせ**たい。**）

文末の「**ばや**」は**自己願望**の終助詞です。よって、この「**いかで**」は、「**なんとかして**」と訳します。

本文チェック！

▼**11行目** いかでとく京へ**もがな**

文末の「**もがな**」は**願望**の終助詞です。よって、「なんとかして早く都へ帰り**たい**」と訳します。

8

日記

更級日記

成立 平安時代中期

作者 菅原孝標女《すがわらのたかすえのむすめ》

平安時代中期に成立した日記。作者は国司の娘で、東国の果て「上総《かずさ》」で育ちました。十三歳で帰京するときの紀行や少女時代、都の生活、夫と死別、仏教信仰などの自分の人生の回想日記。少女時代、『源氏物語』に夢中であったことが有名です。

今回のポイント

文法 「に」の識別

「どうして●●はアニメの世界の人なのーっ！」と、アニメや漫画のキャラに本気で恋する人、いますよね。

実在の人物よりもとても魅了的なキャラも多いでしょうし、その気持ち、わかります。

平安時代にも、「物語」の世界に憧れまくった少女が、やはりいたようですよ。

あづまぢの道の果てよりも、**なほ奥つ方**に生ひ出でたる人、いかばかりかは**あやしかり**けむを、いかに思ひはじめけることにか、「世の中に物語といふもののあんなるを、**いかで見ばや**」と思ひつつ、**つれづれなる**昼間、**宵居《よひゐ》**などに、姉、継母などやうの人々の、その物語、かの物語、光源氏のあるやうなど、と

読解のヒント

冒頭の「あづまぢの道の果てよりも、なほ奥つ方に生ひ出でたる人」というのは、作者のことです。

これまで学習したことをふまえて、「あんなる」や「いかで見ばや」などに注意して読んでいきましょう。

語句と文法の確認

あづまぢ＝京都から東海道へ通う路

なほ奥つ方＝ここでは「上総の国」。現在の千葉県中部

あやし＝身分が低い。卑しい

いかで〜願望＝なんとかして〜願望

つれづれなり＝退屈だ

宵居＝夜遅くまで起きていること。または、そのとき

いとど＝ますます

ころどころ語るを聞くに、**いとどゆかしさ**まされど、わが思ふままに、そらにいかでかおぼえ語らむ。**いみじく心もとなきままに**、等身に**薬師仏**を造りて、手洗ひなどして、**人まにみそかに**入りつつ、「京に**とく**上げ給ひて、物語の多く候ふなる、ある限り見せ給へ」と、身を捨てて額《ぬか》をつき、祈り申すほどに、十三になる年、「**上らむ**」とて、九月三日門出して、いまたちといふ所に移る。

ゆかしさ＝知りたい気持ち
いみじ＝たいそう
心もとなし＝じれったい
ままに＝〜ので
薬師仏＝人間の病気や苦しみを救って、願いをかなえるといわれている仏
人ま＝人が見ていない間
みそかなり＝ひそかに
とく＝早く
上る＝上京する

読解チェック ▼解答は151ページ

①世の中に物語というものがあると知った作者は、どう思いましたか。
②姉や継母が物語のことを話すのを聞いて、作者はどんな気持ちになりましたか。
③物語を知りたくてじれったく思うあまりに、作者はどうしましたか。

図解

※ ■ は今回のポイントです。

あづまぢの道の果てよりも、なほ奥つ方に生ひ出でたる人、いかばかりかはあやしかりけむを、いかに思ひはじめけることにか、「世の中に物語といふもののあんなるを、いかで見ばや」と思ひつつ、つれづれなる昼間、宵居《よひゐ》などに、姉、継母などやうの人々の、その物語、かの物語、光源氏のあるやうなど、ところどころ語るを聞くに、いとどゆかしさまされど、わが思ふ

- あづまぢの道の果てよりも、なほ奥つ方に生ひ出でたる人：作者のことです。
- 人（は）
- たる：完了
- あやしかり：形容詞
- けむ：過去推量
- いかに思ひはじめけることにか：挿入句
- ける：過去
- か：疑問（あらむ）
- もの の：主格（が）
- なる：伝聞
- （私は）いかで見ばや
- ばや：自己願望
- 日記で主語が書いておらず、尊敬語がない部分は「私」が多い。
- （私は）と思ひつつ
- つつ：継続
- つれづれなる：形容動詞
- 人々 の：主格（が）
- （私は）聞くに
- ど：逆接

現代語訳

京都から東海道へ通う路の果て（である常陸の国〔＝現在の茨城県〕）よりも、さらに奥の方〔＝上総の国〕で育った人〔＝作者のこと〕は、どれほど卑しかっただろうに、どうして思い始めたのであろうか、「世の中に物語というものがあるとかいうが、なんとかして見たい」と思い続けて、退屈な昼間や、夜遅くまで起きているときなどに、姉や、継母などのような

ままに、そらにいかでかおぼえ語らむ。（私は）いみじく心もとなきままに、等身に薬師仏を造りて、手洗ひなどして、人まにみそかに入りつつ、「京にとく上げ給ひて、物語の多く候ふなる、ある限り見せ給へ」と、身を捨てて額《ぬか》をつき、祈り申すほどに、十三になる年、「上らむ」とて、九月三日門出して、いまたちといふ所に移る。

（そらに：形容動詞／か：反語／む：推量／いみじく：形容詞／心もとなき：形容詞／まま：体言／つつ：反復／給ひ：尊敬語／多く：形容詞／候ふ：丁寧語／なる：伝聞／給へ：尊敬語・命令形／申す：謙譲語／ほど：体言／む：意志）

「疑問＋疑問」は、まずは反語として考えてみる。

「〜ので」と訳し、後ろに結果がきます。

あなた（＝薬師仏）は私を

会話の中で尊敬語と命令形があることから。

人々が、その物語、あの物語、光源氏の様子など、あれこれ話すのを聞くと、ますます知りたい気持ちが増すが、私が思うように、（姉や継母が）何も見ないでどうして覚えていて話してくれるだろうか、いや、話してくれない。たいそうじれったいので、（人と）等身大の薬師仏を造って、手を洗いなどして、人が見ていない間にひそかに入っては、「京に早く上らせなさって、物語が多くございますとかいうのを、この世にある限りお見せなさいませ」と、ひれ伏して額をつけて、お祈り申し上げていたところ、十三歳になる年に、「上京しよう」ということで、九月三日に家を出て、いまたちという所に移る。

読解チェック解答

① なんとかして見たい（＝読みたい）（と思った）。
② ますます知りたいという気持ち。
③ 等身大の薬師仏を造って、物語のすべてを見せるよう、額をつけてお祈りをした。

今回のポイント　文法

「に」の識別

簡単な「に」や、特徴的な見分け方をおさえよう！

古文を読んでいて「に」の文字があれば、次の八つの可能性があります。

❶ **副詞や副助詞「だに」の一部分**
❷ **形容動詞「ナリ活用」の連用形の活用語尾**
❸ **ナ行上一段活用動詞か、その一部分**
❹ **ナ変動詞の連用形の活用語尾**
❺ **完了の助動詞「ぬ」の連用形**
❻ **断定の助動詞「なり」の連用形**
❼ **格助詞**
❽ **接続助詞**

たくさんありますが、簡単なものからおさえていきましょう。

❶ 副詞や副助詞「だに」の一部分

まず、副詞や副助詞「だに」の一部分。

副詞は、たとえば「**いかに**」「**さらに**」「**まさに**」などです。慣れてくれば、見てわかるようになるはずです。

❷ 形容動詞「ナリ活用」の連用形の活用語尾

形容動詞「ナリ活用」の連用形の活用語尾の場合は、上に**様子や状態を表す語**があります。

そして、前回の「なり」の識別と同様、上の文字が「**か**」「**げ**」「**ら**」になっている場合が多いです。もちろん「か」「げ」「ら」以外もありますので、大事なのは「**様子や状態につく**」ということです。

例　朝日いとけざやか《様子・状態》**に**さし出でたるに、……
（朝日がとても鮮やかに輝きだした頃に、……）

❸ ナ行上一段活用動詞か、その一部分

「**煮る**」「**似る**」の意味で訳せる「に」があれば、**ナ行上一段活用動詞**です（もしくは、その一部分）。

例　かねて思ひつるには**に**ず。
（あらかじめ思っていたのとは**似て**いない。）

❹ ナ変動詞の連用形の活用語尾

「**死に**」「**去に**」「**往に**」の「**に**」は、ナ変動詞の連用形の活用語尾ですね。

平仮名で「**しに**」「**いに**」の場合は、「**死ぬ**」「**去る・行く**」の意味になれば、**ナ変動詞**の活用語尾です。

例 狩りに**いに**けり。（狩りに行った。）

❺ 完了の助動詞「ぬ」の連用形

連用形につく「に」は、完了の助動詞「ぬ」の連用形です。

「に」の下に、助動詞「**き・けり・たり・けむ**」がついていることも多いです。

「**にき・にけり・にたり・にけむ**」の「**に**」は完了になりやすいと覚えておくと便利です。

ただし、その場合も、チラっと上を見て、連用形になっていることを確認しましょう。たとえば、「去にけり」であれば、その「に」はナ変動詞「去ぬ」の一部分ですよね。

例 心地惑ひ《連用形》**にけり。**（心が乱れてしまった。）

次に、体言につく「に」を学習しましょう。

❻ 断定の助動詞「なり」の連用形
❼ 格助詞

体言につく「に」は、断定の助動詞「なり」の連用形か、格助詞です。

「**である**」と訳してOKであれば**断定**、「**に**」のままでOKであれば**格助詞**です。

例 水の**底**に沈みぬ。

体言「**底**」についている「**に**」なので、**断定**か**格助詞**です。「水の底である沈んだ」はおかしいですよね。「水の底に沈んだ」と「に」のままでスラッときれいに訳せます。つまり、この「**に**」は**格助詞**です。

ちなみに、断定の場合、次のように下に「**あり**」がついている場合が多いです（「に」と「あり」の間に助詞がある場合もあります）。

例 何の故**に**や**あら**む。（どういう理由**であろ**うか。）

「に＋（助詞）＋あり」の「**に**」は**断定**と覚えておくと便利です。

あとは、**「にや」「にか」「にこそ」**の「**に**」も**断定**が多いです。

「あり」が敬語「**おはす・おはします・侍り・候ふ**」になっている場合もありますので、気をつけましょう。この形で出てきて、右の**例**のように「**である**」で訳しておかしくなければ**断定**です。

たとえ、「あり」が下にあったとしても、「である」と訳すことができず、**「に」のままで訳す場合は格助詞**なので気をつけましょう。

例 桜の木が奥山**にあり**。（桜の木が奥山**に**ある。）

下に「**あり**」がありますが、「桜の木が奥山である」はおかしいですよね。「桜の木が奥山**に**ある」のです。よって、**格助詞**ですね。

最後に、連体形につく「に」を学習しましょう。

連体形につく「に」は、**断定**か**格助詞**か**接続助詞**です。断定の特徴は、先ほどと同じです。

❽ 接続助詞

接続助詞「に」は、下に**読点**（、）があり、**「ので」「のに」「ところ」**のどれかで訳せます。

ただし、格助詞「に」も、下に読点（、）がある場合がありますので、読点（、）があるというだけで接続助詞と考えるのは危険です。読点（、）があれば、「接続助詞かな？」と考える目安にし、そのうえで「ので」「のに」「ところ」で訳せるかどうかを確認しましょう。

例 競べ馬を見侍り**しに**（接続助詞）、車の前に雑人立ち隔てて見えざりければ……

（競馬を見ました**ところ**、車の前に群衆が立ちはだかって見えなくなったので……）

直前の「**し**」は過去の助動詞「き」の**連体形**です。「**に**」の下に**読点**（、）があり、「**ところ**」と訳せるので、**接続助詞**です。

また、連体形につく「に」が、断定でも接続助詞でもなければ、格助詞にすればよいです。

本文チェック!

▼**1行目**　奥つ**方に**生ひ出でたる人（奥の方に育った人）

体言「**方**」につく「**に**」で、下に「**あら**」はなく、「にや・にか・にこそ」でもないので、断定の特徴ではありません。「奥の方に育った人」と「**に**」**のままでOK**なので、この「に」は**格助詞**です（現代語訳は「奥の方で育った人」と自然な訳にしています）。

▼**2〜3行目**　**いかに**思ひはじめけること**にか**、……

（どうして思い始めたのであろうか、……）

「**いかに**」で一語の**副詞**ですね。「**にか**」の「**に**」は**断定**です。

▼**6行目**　語るを聞く《連体形》**に**、いとゆかしさまされど、……

（話すのを聞く**と**、ますます知りたい気持ちが増すが、……）

連体形につき、下が**読点**なので、おそらく接続助詞。「**と**（ところ）」で訳せるので、やはり**接続助詞**です。

▼**8〜9行目**　みそ**かに**入りつつ……（こっそり入っては……）

上の文字が「**か**」なので、この「に」は、おそらく形容動詞の活用語尾です。

「みそか」は「こっそり」という**様子**なので、やはり「みそかに」で一語の**形容動詞**ですね。

9

随筆

方丈記

成立 一二一二年
作者 鴨長明

鎌倉時代前期に成立した随筆。無常観が主題。大火・辻風・福原遷都・疫病・飢饉・大地震などによる不安な世の中や、方丈の庵での生活が書かれています。和漢混交文。

今回のポイント
古文常識 出家

辛いことが重なって逃げ出したくなり、誰にも見つからない場所に隠れてちょっとだけ一人になりたいと思うこと、誰にでもあると思います。
昔の人も同じように感じていたようですが、どうやら「ちょっとだけ」ではなさそうです。

すべて、あられぬ世を**念じ**過ぐしつつ、心を悩ませること、三十余年なり。その間、折々の**たがひめ**、**おのづから**短き運を悟りぬ。すなはち、五十《いそぢ》の春を迎へて、**家を出でて**、**世を背けり**。もとより妻子なければ、捨て**難《がた》きよすが**もなし。身に**官禄《かんろく》**あらず、何につけてか執《しふ》をとどめむ。むなしく**大原山**の雲に臥して、また**五返《いつかへ》りの春秋《はるあき》**をなむ経にける。

読解のヒント

昔の人は、今の生活から抜け出したいほど辛いことがあると、すべてのものを捨てて、山に籠って仏道に入りました。
これを「出家」といいます。出家について学びましょう。

語句と文法の確認

すべて＝総じて
念ず＝我慢する
たがひめ＝予想・期待との食い違い。挫折
おのづから＝自然と
家を出づ＝出家する
世を背く＝俗世を捨てて仏道に入る
動詞**V＋難し**＝～しにくい
よすが＝頼りとする縁者

ここに、六十《むそぢ》の露消えがたに及びて、**さらに末葉《すゑば》の宿り**を結べることあり。言はば、旅人の一夜の宿を作り、老いたる蚕の繭《まゆ》を営むがごとし。これを、中ごろの住みかに並ぶれば、また百分《ひやくぶ》が一《いち》に及ばず。**とかく**言ふほどに、齢《よはひ》は歳々《としどし》に高く、住みかは折々に狭《せば》し。その家のありさま、世の常にも似ず、広さはわづかに**方丈**、高さは七**尺**《しちしやく》がうちなり。所を思ひ定めざるがゆゑに、**地を占めて**作らず。**土居**《つちゐ》を組み、**打覆**《うちおほひ》を葺きて、継ぎ目ごとに掛金を掛けたり。もし心にかなはぬことあらば、**やすく**他《ほか》へ移さむがためなり。その改め作ること、**いくばく**の煩ひかある。積むところわづかに二両、車の力を報《むく》ふ他には、さらに他の**用途**いらず。

官禄＝官位や俸禄
大原山＝現在の京都市左京区にある大原山
五返りの春秋＝五年間
さらに＝改めて
末葉の宿り＝晩年の住まい
とかく＝あれこれと
方丈＝一丈〔＝約三メートル〕四方の広さ
尺＝一尺は約三十センチ
地を占めて＝敷地を自分のものとして所有して
土居＝土台
打覆＝簡単な屋根
やすし＝容易に
いくばく＝どれほどの
用途＝費用

☑ 読解チェック

▼解答は130ページ

① 作者は、自分の不運を悟り、五十歳の春にどうしましたか。
② 六十歳頃の住まいを、作者は何にたとえていますか。二つ答えなさい。
③ 作者が、定住せずに、簡単な家を作ったのはなぜですか。

図解

※ ［網掛け］は今回のポイントです。

随筆も、日記同様に、主語が書いておらず、尊敬語がないところは、「私（＝作者）」が多いですよ。

すべて、あら（ア段「る」）れ（可能）ぬ（打消）世を念じ過ぐしつつ（継続）、心を悩ませる（存続）こと、三十余年なり（断定）。その間、折々のたがひめ、おのづから短き（形容詞）運を悟りぬ（用→完了）。すなはち、五十《いそぢ》の春を迎へて、**家を出でて**、**世を背け**り（完了）。もとより妻子なけれ（形容詞）ば、捨て難《がた》き（形容詞）よすがもなし（形容詞）。身に官禄《かんろく》あらず（打消）、何につけてか（反語）執《しふ》をとどめむ（意志）。むなしく（形容詞）大原山の雲に臥して、また五返《いつかへ》りの春秋《はるあき》をなむ（強意）経に（完了）ける（過去（り））。

☞「疑問＋疑問」なので、「反語」になる。

（私は）

現代語訳

総じて、生きづらいこの世を我慢して過ごしてきて、心を悩ませていること、三十年以上である。その間、その時々の挫折を経験して、自然と（自分の）不遇な運命を悟った。そこで、五十歳の春を迎えて、出家して、俗世を捨てて仏道に入った。もともと妻子がいないので、捨てにくい縁者もいない。私には官位も俸禄もなく、何に対して執着を残そうか、いや、執着などない。（出家して）何もすることがなく大原山で隠棲して、また五年間を過ごした。

ここに、私は 六十《むそぢ》の露消えがたに及びて、**さらに末葉《すゑば》の宿り**を結べる（完了）ことあり。（が）言はば、旅人の（主格・が）一夜の宿を作り、老い（ヤ行上二段）たる（完了）蚕の（主格・が）繭《まゆ》を営むがごとし（比況）。これを、中ごろの住みかに並ぶれば、また百分《ひゃくぶ》が（連体格・の）一《いち》に及ばず（打消）。**とかく**言ふほど（体言）に、齢《よはひ》は歳々《としどし》に高く（形容詞）、住みかは折々に狭《せば》し（形容詞）。その家のありさま、世の常にも似ず（打消）、広さはわづかに（形容動詞）**方丈**、高さは七尺《しちしゃく》が（連体格・の）うちなり（断定）。所を思ひ定めざる（打消）がゆゑに、**地を占めて**作らず（打消）。**土居《つちゐ》**を組み、**打覆《うちおほひ》**を葺きて、継ぎ目

七尺のうち〔＝内〕とは、七尺以内ということです。

さて、六十歳の露〔＝命〕が消えそうになる頃に及んで、改めて晩年の住まいを作ったことがある。言うならば、旅人が一晩だけのための宿を作り、老いた蚕が繭を作るよう（なもの）だ。これ〔＝作った家〕を、中年の頃に住んでいた家と比べると、その百分の一にも及ばない。あれこれと言ううちに、年齢は一年ずつ増えていき、住まいはどんどん狭くなる。その家の様子は、世間一般の家とは似ず、広さはわずか一丈四方〔＝現在の四畳半程度〕で、高さは七尺〔＝約二メートル〕にも満たないのである。建てる場所を選ばなかったので、敷地を自分のものとして所有して作らない。土台を組んで、簡単な屋根を葺き、継ぎ目ごとに掛け金を掛けている。もし気に入らないことがあったら、容易によその場所に引っ越すためである。その家を建て直すのに、どれほどの面倒があるだろうか、いや、ない。（家の資材や道具を車に）積むとわずか二台分で、車の運送の報酬以外には、全く他の費用はいらない。

ごとに掛金を掛けたり。もし心にかなはぬことあらば、やすく他《ほか》へ移さむがためなり。その改め作ること、いくばくの煩ひかある。積むところわづかに二両、車の力を報《むく》ふ他には、さらに他の用途いらず。

☞「さらに……ず」で、「全く……ない」。

読解チェック解答

① 出家した。
② 旅人の一夜の宿。／老いた蚕がこもる繭。
③ 気に入らないことがあったら、簡単によそに引っ越ししようと考えたから。

今回のポイント

古文常識 出家

今の生活から逃げ出したくなったら、仏門に入ろう！

仏門に入る（＝**お坊さん・尼さんになる**）ことを、「出家」といいます。

古文では、出家の話がたくさん出てきます。

出家をするならば、今、生活している世の中（＝**俗世**《ぞくせ》）との関係を断ち切らなければいけません。

親子関係や兄弟姉妹、夫婦・恋人などの**人間関係**や、**財産**、肩書などの**名誉**など、**すべて捨てて山に籠って仏道修行**をします。

今回のお話の鴨長明のように、挫折をして立ち直れなかったり、失恋やご主人様との死別など、とても辛いことがあって「もうこんな世の中から逃げ出したい！」となると、俗世と関係を断つために出家する決心をした人も少なくなかったようです。

ただし、出家をする理由は、そのような「逃げたい願望」だけではありません。

仏教では、熱心に仏道修行をすれば**死後に極楽往生できる**と信じられていました。当時の人は、死後に極楽へ行くことを夢見ていました。ですから、極楽へ行けるように、進んで出家をした人もいます。

また、中には、病気になっていよいよ危ないとなったときに、「このまま死んでしまったら極楽往生できない！」と、慌てて形だけの出家をする人もいたようです（命の危険が迫っているのに、山で修行は不可能ですよね）。

このように、理由はいろいろですが、「出家」といえば仏門に入ること、**通常、俗世との関係を断ち切らなければいけないこと、一生懸命修行をすれば、極楽往生できると思っていた**ことなどをおさえておきましょう。

ちなみに、**極楽**は「西」にあると考えられていました。ですから、「西に向かって手を合わせたまま亡くなっていた」などの表現を見かけることがあるはずですが、それは、「極楽往生できた」という意味で使われています。あとは、「紫雲（＝臨終のときに、仏が乗って来迎する雲）」や「空に花が舞っている」「空から音楽が聴こえてきた」などの表現も極楽往生できたという目印になります。

さて、「出家をする」という意味を表す語はたくさんあるので、次にまとめておきます。本文中に出てきたときに、気づけるようになってくださいね。

「世俗が嫌で逃げだす」イメージのもの

- 世を離《か》る（「はなる」とも）
- 世を背く
- 世を逃《のが》る
- 世を捨つ
- 世を出《い》づ
- 世を厭《いと》ふ

など

僧や尼になり、「見た目・様子が変わる」イメージのもの

- 様《さま》を変ふ
- 形を変ふ
- 御髪《みぐし》下《お》ろす
- 頭《かしら》下ろす

など

「御髪下ろす」「頭下ろす」は、「剃髪《ていはつ》する」（＝頭を剃る）ということから、「出家」の意です。

他には、「**やつす**」という「みすぼらしく姿を変える」という意味の単語がありますが、僧や尼になると、華やかな着物などを着ることはなく、黒い服を着ますので、そこから「やつす」で「出家する」という意味を表す場合があります。ただし、いつも出家の意味というわけではありませんので、気をつけましょう。

その他

- 真《まこと》の道に入《い》る
- 発心《ほっしん》す

など

「真の道」は「仏道」、「発心」は「仏道心をおこす」ということから、「出家」を意味します。

また、「行ふ」は重要単語で、「**仏道修行をする**」という意味。「絆《ほだし》」は、「出家の妨げとなるもの」＝**親・妻子・兄弟姉妹・恋人**などを指します。

本文チェック！

▼**3行目** 家を出でて、世を背けり

「家を出づ」は、この場合「**出家**」のことですね。「世を背け」の「**世**」は「**俗世**」のことです。「俗世」に背を向けるとは、「俗世と決別する」ということ。つまり、「**出家する**」となります（ここでは、上で既に「出家」とあるので、「世俗を捨てて仏門に入った」と訳していますが、同じことです）。

こぼれ話 鴨長明の挫折とは？

今回取り上げた本文に「**その時々の挫折を経験**」「**不遇な運命を悟った**」とありましたが、鴨長明に一体何が起こったのでしょうか。

鴨長明は、京都の賀茂御祖《かもみおや》神社（下鴨神社）の神官（禰宜《ねぎ》）・鴨長継《ながつぐ》の次男として、一一五五年頃に生まれました。七歳で従五位下の位を授かり、恵まれた幼少時代を過ごします。しかし、十九歳の頃、有力の父が亡くなってしまい、後ろ盾を失ってしまいます。

そこから挫折ばかりだったのかと思いきや、そうでもないのです。長明は、芸術的才能の持ち主でもあり、和歌を俊恵《しゅんえ》に、琵琶を中原有安《ありやす》に学びました。勅撰和歌集にも入集したり、たくさんの歌合《うたあわせ》にも参加したりなど、和歌の世界でとても活躍したようです。後鳥羽上皇からも認められるほどでした。挫折どころか充実の日々ですね。

一二〇四年、下鴨神社の付属社である河合社《ただすのやしろ》の禰宜に、欠員が出ました。長明は禰宜の地位につくことを望み、後鳥羽上皇から推薦してもらえたのです。ですが、**賀茂御祖神社の禰宜である同族の鴨祐兼《すけかね》の猛反対により、長明の望みは叶わず、神職としての出世の道は閉ざされました。**これが、**出家の直接の原因となった挫折**です。

長明は、平安時代末期から鎌倉時代前期という、動乱の時代に生きた人物です。生まれた翌年にも保元の乱が起きています。この後も、平治の乱や源平の戦いなどの戦だけではなく、天災が次々と起こっています。『方丈記』にも、京の都で発生した「安元（一一七七年）の火災」、「治承（一一八〇年）の竜巻（辻風）」、「元暦（一一八五年）の大地震」に関しての記述があります。他に「養和（一一八一～一一八二年）の飢饉」の記述もあり、このような環境も、長明が「**無常**」を感じるには十分だったのでしょう。

10

随筆

徒然草

成立 一三三〇～一三三一年頃か

作者 兼好《けんこう》法師（吉田兼好）

鎌倉時代後期の随筆。評論的な話、説話的な話、回想、見聞、実用知識などいろいろな内容が書かれていますが、無常観が根底にあります。前回の『方丈記』と並ぶ代表的な隠者文学です。三大随筆『枕草子』『方丈記』『徒然草』の一つ。

今回のポイント

❶ 古文常識 月の異名（旧暦）

❷ 古文常識 時刻

完璧主義の人は、行き過ぎの高い目標を設定して、とてつもない努力をするものです。努力をする姿勢は素晴らしいですし、ものすごく慎重で真面目な人なのだと思います。ですが、かえってその姿勢が自分を苦しめることもあるようです。そんなタイプの人に是非読んでほしい段です。

能をつかんとする人、「よくせざらんほどは、**なまじひに**人に知られじ。うちうちよく習ひ得てさし出でたらんこそ、いと**心にくからめ**」と常に言ふめれど、かく言ふ人、一芸も習ひ得ることなし。いまだ堅固**かたほなる**より、上手の中にまじりて、そしり笑はるるにも恥ぢず、**つれなく**過ぎてたしなむ人、天性その骨《こつ》なけれども、道に**なづま**ず、みだりにせずして年を送れ

読解のヒント

準備ばかりして、肝心なすべきことがいつまで経ってもできていないなんてこと、ありませんか？

飛び込む勇気が一番大事！

行動を起こさないことには、何事も身につかないものなのです。

（語句と文法の確認）

能＝芸能

なまじひなり＝中途半端だ

心にくし＝奥ゆかしい

かたほなり＝未熟である

つれなし＝平然としている

なづむ＝行き悩む

不堪＝下手なこと

ば、堪能のたしなまざるよりは、つひに上手の位にいたり、徳たけ、人に許されて、ならびなき名を得る事なり。

天下のものの上手といへども、始めは**不堪**の**聞こえ**もあり、**無下**の**瑕瑾**《かきん》もありき。されども、その人、道の掟正しく、これを重くして放埒《はうらつ》せざれば、世の博士にて、万人の師となる事、諸道かはるべからず。

聞こえ＝評判
無下＝まったくひどいこと
瑕瑾＝欠点

読解チェック

▼解答は167ページ

①「芸を十分に習得してから人に披露する」と常に言う人はどのようであると、作者は考えていますか。
②人に認められて名声を得るには、どうすることが大事だと作者は言っていますか。
③世間で一流だと思われている人も、最初はどのようでしたか。

図解

能をつかんとする人、「よくせざらんほどは、なまじひに人に知られじ。うちうちよく習ひ得てさし出でたらんこそ、いと心にくからめ」と常に言ふめれど、かく言ふ人、一芸も習ひ得ることなし。いまだ堅固かたほなるより、上手の中にまじりて、そしり笑はるるにも恥ぢず、つれなく過ぎてたしなむ人、天性その骨《こつ》なけれども、道になづまず、みだりにせずして年を送れ

この「かく」は直前のセリフを指します。

「いまだ〜たしなむ」が、「人」にかかります。

現代語訳

芸能を身につけようとする人は、「うまくないようなうちは、中途半端に人に知られまい。内々でよく習得して人前に出るようなことが、たいそう奥ゆかしいだろう」と常に言うようだが、このように言う人は、一芸も習得することはない。

まだまったく未熟な頃から、上手な人の中に交じって、けなされ笑われることにも恥じず、平然と押し通して稽古する人が、天性の才能はなくても、その道に停滞せず、いい加減にしないで年を送れば、天性の才能があっても稽古をしない者よりは、最終的には上手と言われる境地に到り、長所も伸び、人に認められて、比類のない名を得ることである。

ば、堪能のたしなまざる（打消）〔人〕よりは、つひに上手の位にいたり、徳たけ、人に許され（受身）て、ならびなき（形容詞）名を得る（ア行下二段）事（体）なり（断定）。

天下のものの上手といへども（逆接）、始めは不堪の聞こえもあり、無下の瑕瑾《かきん》もありき（過去）。されども（逆接）、その人〔が〕、道の掟正しく（形容詞）、これを重く（形容詞）して放埓《はうらつ》せ（サ変）ざれ（打消）ば、世の博士にて、万人の師となる事〔は〕、諸道かはるべから（当然）ず（打消）。

読みは「うる」ですよ。

「も」の上にあって主語なので、この「聞こえ」は名詞です。

接続詞「されども」は、「さり」の已然形に「ども」がついたものです。

天下のものの上手といっても、始めは下手だという評判もあり、ひどい欠点もあった。しかし、その人が、その道の規律を正しく、これを重視していい加減にしないので、世間から認められる権威となって、万人の師となることは、どんな道でも変わるはずはない。

なんだよ それ？
どこを 直せば いいかな
ほっ
よっ

読解チェック解答

① 一芸も習得することができない（と考えている）。
② 未熟なうちから上手な人に交じって、笑われても恥じずに稽古に励み、停滞せずにいい加減にしないで年月を過ごすこと。
③ 下手だという評判があったり、ひどい欠点もあったりした。

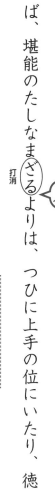

今回のポイント

❶ 古文常識　月の異名（旧暦）

今と昔とは、月の名前や季節感が違います！

今回の話には関係がないのですが、「一月」「二月」などの月の名前が、今と昔（旧暦）では違います。月だけではなく、季節感も少しズレています。どちらも入試でも問われる大事なことなので、ここで学習しておきましょう。

まずは、「月の名前（旧暦）」からご紹介します。

一月	睦月	（むつき）
二月	如月	（きさらぎ）
三月	弥生	（やよひ）
四月	卯月	（うづき）
五月	皐月	（さつき）
六月	水無月	（みなづき）
七月	文月	（ふみづき・ふづき）
八月	葉月	（はづき）
九月	長月	（ながつき）
十月	神無月	（かんなづき）
十一月	霜月	（しもつき）
十二月	師走	（しはす）

それぞれ、きちんと読めるようにしましょう。もちろん、何月のことかもわかるようにしてください。

次に季節ですが、「春・夏・秋・冬」の四季があるのは同じです。十二か月を四つの季節で割ると、一つの季節は三か月間ですね。旧暦では、一月から順番に「春・夏・秋・冬」なのです。

- 一～三月……春
- 四～六月……夏
- 七～九月……秋
- 十～十二月……冬

現在と少し感覚がズレているはずです。ですが、現在でも年賀状に「**迎春**」と書いたりしますので、その名残はありますね。

春は一月からであることを覚え、そして現代の感覚に惑わされないようにしましょう！

今回のポイント ❷ 古文常識 時刻

時刻も干支で表す！

139ページでは方角を干支で表すことを学習しましたね。
実は、「時刻」も干支で表します！
二十四時間を十二の干支で表すわけですから、単純計算で一つの干支が二時間ですね。
「子」が午前0時。そこから順番に二時間ずつ足していくわけです。

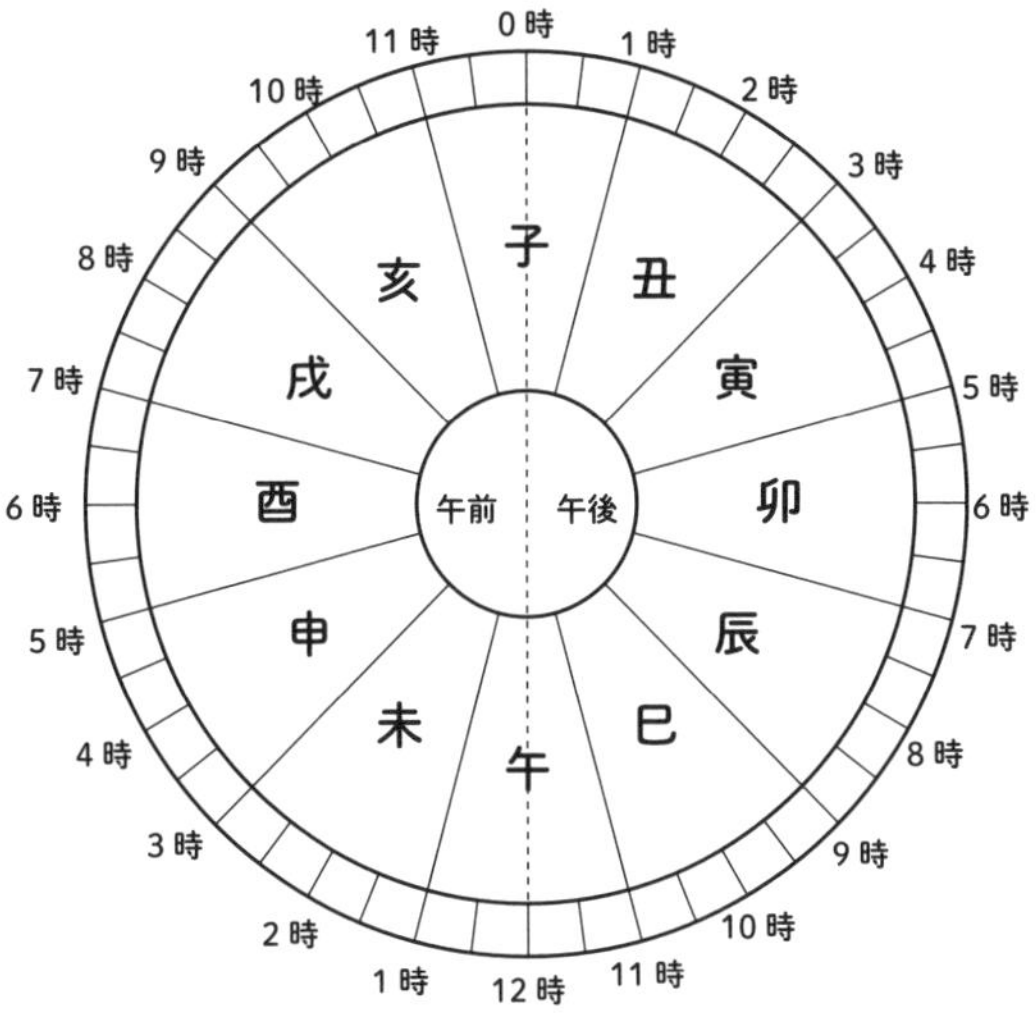

十二支の図なしで時刻を出す公式

2(N－1)　※「N」には干支の順番を入れます。

例　申……干支の9番目

⇒ 2(9－1)=2×8=16　答　16時〔＝午後4時〕

「干支●つ」への対応

干支の後ろに「1つ～4つ」の数字がついている場合もあります。その場合は、先ほどの公式で出した時間から、プラスマイナス1時間した2時間をまず出します。

例　申……16時

これのプラスマイナス1時間

⇒ 15時～17時の2時間

そして、この2時間(120分)を4で割ると、1つが30分です。15時から30分ずつ追加していくだけです。

- 申一つ……15時～15時30分
- 申二つ……15時30分～16時
- 申三つ……16時～16時30分
- 申四つ……16時30分～17時

11

説話

宇治拾遺物語

成立 鎌倉時代初期

作者 未詳

鎌倉時代初期に成立した説話。世俗説話ですが、仏教的・教訓的な話も多く、また、『腰折すずめ』『鬼のこぶ取り』などの民話説話も。『今昔物語集』『古事談』などの話と、ほぼ同話を含みます。

今回のポイント

古文常識　衣装

夜道の一人歩きが危険なのは、今も昔も同じようです。いや、昔のほうがもっともっと危なかったでしょうね。電灯や交番もなく、家なども少ないでしょうから。さて、何やら事件が起きそうですが……。

昔、袴垂とて**いみじき**盗人の大将軍ありけり。十月ばかりに衣の用なりければ、衣少し**まうけ**むとて、さるべき所々、うかがひ**ありき**けるに、夜中ばかりに、人みな静まり果てて後、月の朧なるに、衣**あまた**着たりける主の、指貫の**そば**挟みて、絹の狩衣めきたる着て、ただ一人笛吹きて、行きも**やら**ず練り行けば、**あはれ**、これこそ、我に衣得させむとて、出でたる人な

読解のヒント

「袴垂」とは何者なのか、何をしようとしているのかをつかんで、主語を正しく入れて文章を読んでいきましょう。「心情語＋を・に・ば」は、主語は同じままが多いですよ！

語句と文法の確認

いみじ＝並外れた
まうく＝準備する。取得する
ありく＝あちこち歩き回る
あまた＝たくさん
そば＝袴の左右の脇のあいている部分
動詞 **V＋やらず**＝十分に〜しきらない
あはれ＝ああ
あやし＝不思議だ

めりと思ひて、走りかかりて衣を剥がむと思ふに、**あやしく**ものの恐ろしく**おぼえ**ければ、添ひて二、三**町**ばかり行けども、我に人こそ付きたれと思ひたる**気色**もなし。いよいよ笛を吹きて行けば、試みむと思ひて、足を高くして走り寄りたるに、笛を吹きながら見返りたる気色、取りかかるべくもおぼえざりければ、走り退きぬ。

おぼゆ＝思われる
町＝長さの単位。一町は約一〇九メートル
気色＝様子

読解チェック

▼解答は173ページ

① 袴垂とは、何者ですか。
② 十月頃、袴垂は何をしようと思いましたか。
③ 袴垂は、なぜ逃げ去ったのですか。

図解

※ は今回のポイントです。

昔、袴垂とていみじき盗人の大将軍ありけり。十月ばかりに衣の用なりければ、「衣少しまうけむ」とて、さるべき所々、うかがひありきけるに、夜中ばかりに、人みな静まり果てて後、月の朧なるに、衣あまた着たりける主の、指貫のそばに挟みて、絹の狩衣めきたる着て、ただ一人笛吹きて、行きもやらず練り行けば、「あはれ、これこそ、我に衣得させむとて、出でたる人な

（いっ）（袴垂は）（思っ）（を）（時）（を）（衣を）（し）

形容詞　過去　断定　過去　意志　過去　形容動詞　主格　が　存続　過去　主格　が　存続　打消　強意　ア行下二段　㊍　使役　意志　完了　断定

☞「と」の上の「む」は、意志が多い。

☜笛を吹くのは「主」。（後ろに同一表現がある。）

☝接続助詞のルールで主語が変わりやすいことから「袴垂」と考える。

現代語訳

昔、袴垂といって並外れた盗賊の首領がいた。十月頃に着物が必要であったので、着物を少し手に入れようと思って、適した場所を、機会をねらってあちこち歩き回っていたところ、夜中頃に、人が皆寝静まった後、月がおぼろな時に、着物をたくさん着ている人が、指貫の脇をあげて、絹の狩衣のようなものを着て、ただ一人笛を吹いて、行くともなしにゆっくりと行くので、ああ、この人こそ、自分に着物を得させようとして、現れた人であるようだと思って、走りかかって着物をはぎ取ろうと思うが、不思議となんだか恐ろしく思われたので、後に付いて二、三町ほど行くが、（その人は）自分に人が付いてきていると思っている様子もない。ますます笛を吹いて行くので、（袴垂は）試そうと思って、足音を高くして走り寄った

めり」と思ひて、「走りかかりて衣を剥がむ」と思ふに、あやしくものの恐ろしくおぼえければ、添ひて二、三町ばかり行けども、「我に人こそ付きたれ」と思ひたる気色もなし。いよいよ笛を吹きて行けば、「試みむ」と思ひて、足を高くして走り寄りたるに、笛を吹きながら見返りたる気色、取りかかるべくもおぼえざりければ、走り退きぬ。

（めり：推定　む：意志　あやしく：形容詞　恐ろしく：形容詞　けれ：過去　ども：逆接　こそ：強意　たれ：存続（り）　たる：存続　なし：形容詞　む：意志　たる：完了　たる：完了　べく：可能　ざり：打消　けれ：過去　ぬ：用↓完了）

（主は）我に（が）人こそ付きたれ　（主が）いよいよ笛を吹きて行けば　（袴垂は）「試みむ」　（主が）笛を吹きながら　（が）（袴垂は）取りかかるべくもおぼえざり

☞「心情＋に」なので、主語は変わらないことが多い。

☞「心情＋ば」

☞「笛を吹く」という同一表現から、主語は「主」と考える。

☞「心情＋ば」

☞「打消」と一緒に用いられているので「可能」になりやすい。

「已然形＋ば」↓確定条件。ここは「～ので」と訳し、前が理由。

が、笛を吹きながら振り返って見たその様子は、はぎ取ることができそうには思えなかったので、走って逃げた。

読解チェック解答

① 並外れた盗賊の首領。
② 衣類を少し奪い取ろうと思った。
③ 着物を奪おうと思った相手が、服をはぎ取ることができそうにない人物に思えたから。

今回のポイント

古文常識　衣装

衣装の名称から性別がわかると、主語把握のヒントになることも！

第2章で主語把握の方法を学習しましたが、実は、衣装も主語把握のヒントになることがあります。

現在では、男女のへだてなく、比較的自由な服を着ることができますね。

しかし、古文の時代は、貴族の男性と女性では服装が異なっていて、衣装の名前で性別を絞り込むことができるので、知っていれば主語把握に使える場合があります。

もちろん、全員が男性だったり女性だったりする場合は役に立ちませんが、男女が出てくる話だと、ひとまず、どちらかまでは絞れます。

もし、男女一人ずつの話であれば、衣装の名前だけで主語が確定できてしまいますよ！

男女の代表的な衣装を確認しておきましょう。

男性の服飾品

●正装「束帯《そくたい》・昼《ひ》の装束《さうぞく》」

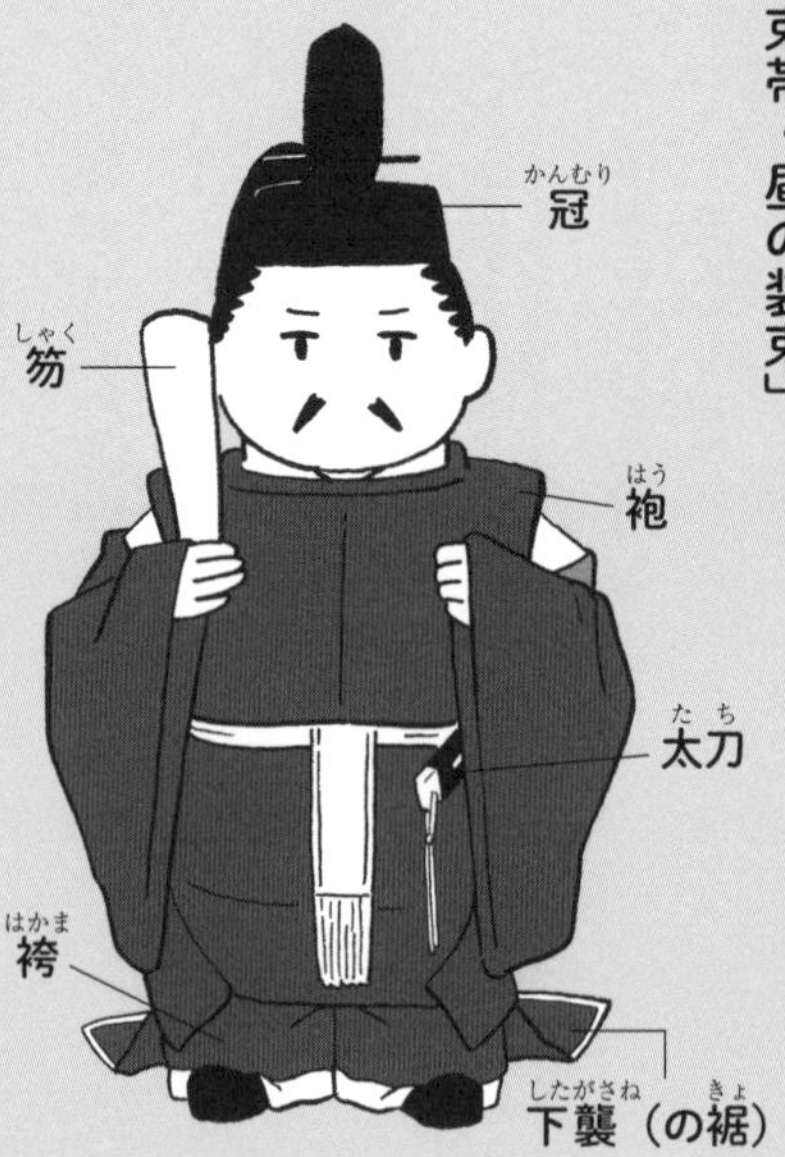

●狩衣《かりぎぬ》……平安時代以降の、男性貴族の普段着。

●指貫《さしぬき》……袴の一種。裾にひもが通っていて、足のくるぶしの上でくくる。男性貴族の普段着（イメージは現代の「ズボン」）。

●直衣《なほし》……平安時代以降、天皇など高貴な人々の普段着。発音は「のうし」。

●烏帽子《えぼし》……成人男子のかぶり物の一種。普段使いとして用いられた。

●直垂《ひたたれ》……古来は庶民の服。公卿や武士の普段着となり、室町時代以降は武士の礼服。

●水干《すいかん》……糊《のり》を用いず、水張りにしたあと干した服。庶民の服だったが、公家・武士の普段着となる。

女性の服飾品

●女官の正装「女房《にょうぼう》装束《しゃうぞく》・十二単《じふにひとへ》」

●単衣《ひとへぎぬ》……装束の一番下に着る、裏地がない着物。

●小袿《こうちき》……略装の女房装束。略式礼服。

本文チェック!

▼**4・5行目**　指貫・狩衣

この時代に夜道を一人で歩いている時点で男性だと推測できますが、これらの衣装名からも男性だとわかりますね。

12

説話

十訓抄

成立 一二五二年

作者 六波羅二臈左衛門《ろくはらにろうさえもん》《ろくはらじろうざえもん》入道か？

鎌倉時代中期の説話。若者に対して書かれた教訓。「人に恵を施すべき事」「朋友を選ぶべき事」「思慮を専らにすべき事」などの十か条の教訓を掲げています。今回は「人倫を侮らざる事」の中から。

今回のポイント

和歌

掛詞

世の中には、皮肉を言って相手をからかうことを、楽しむような人もいますよね。
ですが、そんなことをしていると、いつかとんだ赤っ恥をかくはずです。
痛快な反撃をお楽しみください。

和泉式部《いづみしきぶ》、**保昌**《やすまさ》が妻《め》にて、**丹後**《たんご》に**下り**けるほどに、京に**歌合**《うたあはせ》ありけるに、**小式部内侍**《こしきぶのないし》、**歌詠み**に**とられ**て詠みけるを、**定頼**《さだより》**中納言たはぶれ**て、小式部内侍、**局**《つぼね》にありけるに、「丹後へ遣はしける人は**参り**たりや。**いかに心もとなく思すらん**」と言ひて、局の前を過ぎられけるを、**御簾**《みす》より**半**《なか》**らばかり**出《い》でて、わづかに**直衣**《なほし》の袖を控へて、

読解のヒント

和泉式部は、和歌がとても上手な女性です。
小式部内侍は、その和泉式部の娘です。
さて、小式部内侍の和歌の実力はいかほどでしょうか。

語句と文法の確認

和泉式部＝平安時代中期の歌人
保昌＝藤原保昌。和泉式部の夫
丹後＝現在の京都府北部
下る＝都から地方へ行くこと
歌合＝左組と右組に分かれて、それぞれが詠んだ歌の優劣を競う遊び
小式部内侍＝和泉式部の娘
歌詠み＝ここでは、「歌合に出て歌を詠む人」の意味
とる＝選択する

大江山いくのの道の遠ければまだふみもみず天の橋立

と詠みかけけり。思はずに、あさましくて、「こはいかに、かかるやうやはある」とばかり言ひて、返歌にも及ばず、袖を引き放ちて、逃げられけり。

小式部、これより、歌詠みの世におぼえ出で来にけり。

これはうちまかせての理運のことなれども、かの卿《きやう》の心には、これほどの歌、ただいま詠み出だすべしとは、知られざりけるにや。

定頼中納言＝藤原公任の子
たはぶる＝ふざける。からかう
局＝宮中などの邸宅内で、それぞれに仕切られている部屋
参る＝参上する
※「行く」「来」の謙譲語。
いかに＝どれほど
心もとなし＝待ち遠しい
思す＝お思いになる
※「思ふ」の尊敬語。
御簾＝簾の敬称
半らばかり＝半分ほど
直衣＝貴族の平服
大江山＝現在の京都府北西部にある山
いくの（生野）＝現在の福知山市生野
天の橋立＝現在の京都府宮津市にある景勝地
あさまし＝驚きあきれる
おぼえ＝評判。名声
うちまかせて＝普通
理運＝道理

読解チェック

▼解答は179ページ

難 ① 定頼の言った「丹後へ遣はしける人」とは、誰が何のために遣わした人という意味ですか。
② 「大江山」の和歌の掛詞を、二つ説明しなさい。
③ 定頼が返歌もせずに逃げたのは、なぜですか。

図解

※ ■ は今回のポイントです。

和泉式部《いづみしきぶ》、（が）保昌《やすまさ》が妻《め》にて、丹後《たんご》に下りける（過去）ほどに、京に歌合《うたあはせ》（が）ありける（過去）に、小式部内侍《こしきぶのないし》、（が）歌詠みにとられ（受身）て詠みける（過去）を、定頼《さだより》中納言（が）たはぶれて、小式部内侍、（が）局《つぼね》にありける（過去）に、（時）（定頼が）「丹後へ遣はしける（過去）人は参り（謙譲語）たり（完了）や（疑問）。（あなたが）いかに心もとなく（形容詞）思す（尊敬語）らん（現在推量）」と言ひて、局の前を過ぎられ（尊敬）ける（過去）を、（小式部内侍が）御簾《みす》より半《なか》らばかり出《い》でて、わづかに（形容動詞）直衣《なほし》の袖を控へて、

保昌が妻：連体格「の」

小式部内侍には敬語を使っていません。

定頼には敬語を使っています。

「　」の中に尊敬語があることから。

接続助詞のルールや、尊敬語がないことから判断。

男性の衣装なので、「定頼の」だとわかる。

現代語訳

和泉式部が、藤原保昌の妻として、丹後の国に下向したときに、京で歌合があったところ、小式部内侍が、歌合に出て歌を詠む人に選ばれて詠んだのだが、定頼中納言がふざけて、小式部内侍が、部屋にいたときに、「（母親に歌を代作してもらうために）丹後に遣わした人は（帰ってきて）参上したか。どれほど待ち遠しくお思いになっているだろう」と言って、部屋の前を通り過ぎなさったところ、（小式部内侍が）御簾から半分ほど（体を）出して、少し（定頼中納言の）直衣の袖を引き止めて、

大江山を越えて、生野へと通って行く道が遠いので、私はまだ天の橋立を踏んだこともないし、母からの手紙も見ていません

と詠みかけた。（定頼中納言は）思いがけないことで、驚きあきれて、「これはどういうことか、このようなことがあるか、いや、ない」とだけ言って、返歌もできずに、袖を振り払って、逃げなさった。

小式部内侍は、これ以来、歌詠みの世界で評判が出てきた。

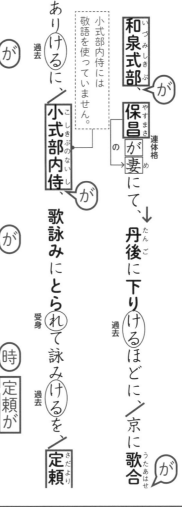

大江山いくのの道の遠ければまだ**ふみ**もみず**天の橋立**

と詠みかけけり。（定頼は）思はずに、**あさましく**て、「こはいかにかかるやう**やは**ある」とばかり言ひて、返歌にも及ばず、袖を引き放ちて、逃げられけり。

小式部（は）、これより、歌詠みの世に**おぼえ**（が）出で来にけり。

これは**うちまかせて**の**理運**のことなれども、かの卿《きやう》（＝定頼）の心には、「これほどの歌（を）、ただいま詠み出だすべし」とは、知られざりけるにや（あらむ）。

［文法注記］の（主格／が）　遠けれ（形容詞）　ず（打消）　けり（過去）　思はずに（形容動詞）　あさましく（形容詞）　いかに（形容動詞）　やは（反語）　ず（打消）　られ（尊敬）　けり（過去）　出で来（カ変）　に（完了）　けり（過去）　なれ（断定）　ども（逆接）　べし（可能）　れ（尊敬）　ざり（打消）　ける（過去）　に（断定）　や（疑問）

☜「て」のときは、最後にだけ尊敬をつけて敬意を払うことがあります。

☜返歌をすべき人は定頼なので、「定頼」が主語だとわかる。

☜「打消」はないが、文脈から「可能」となる。

大江山いくのの道の遠ければまだふみもみず天の橋立
ぐい
歌うまっ

これは（和泉式部の娘である小式部内侍にとっては）普通の道理のことであるが、あの卿（＝定頼中納言）の心には、これほどの歌を、すぐに詠み出すことができるとは、おわかりにならなかったのであろうか。

読解チェック解答

難 ① 小式部内侍が、母親の和泉式部に歌合の歌を代作してもらうため。

② 「いくの」に「生野」と「行く」が、「ふみ」に「文」と「踏み」が掛けられている。

③ 小式部内侍が、思いがけずにすぐに上手な和歌を詠んできて、驚いたから。

今回のポイント

和歌　**掛詞**

限られた文字数で、より多くのことを伝えたい！

和歌は、たった三十一音（五・七・五・七・七）の文学です。昔の人は、その短い音数の中に様々な工夫をしました。これを「（和歌の）修辞技法」といいます。

その中の一つが「掛詞」です。「掛詞」とは、**同じ音に二つの意味を持たせる**ことです。

110〜115ページで学習した『竹取物語』に出てきた和歌にも、掛詞がありましたね。

再度、ここで確認してみましょう。

例　あふことも**なみだ**に浮かぶわが身には死なぬ薬も何にかはせむ

（なみだ → 涙／無み（＝ないので））

「**なみだ**」の部分に「**涙**」と「**無み**」が掛けられています。このように、文字の全部が掛かっていない、一部分でもかまいません。

上からのつながりで「会うことも**ないので**」、下へのつながりで「**涙に浮かぶ**」となります。和歌全体は、「（もうかぐや姫に）会うこともないので、涙に浮かんでいるわが身にとっては、不死の薬も何になろうか、いや、何にもならない」の意味でしたね。

掛詞は、**地名や不自然な平仮名の部分**に多くあります。

次の**例**を見てください。

例　たち別れ**いなば**の山の峰に生ふる**まつ**とし聞かば今帰り来む

（いなば → 因幡／往なば）（まつ → 松／待つ）

「**いなば**」には、「**因幡**」（**地名**：現在の鳥取県）と「**往なば**」（＝行くならば）が掛けられています。「**因幡に行ったならば**」と掛詞同士でつながり、さらに下へ「**因幡**の山の峰」とつながります。

「**まつ**」には、「**松**」と「**待つ**」が掛けられています。上からのつながりで「生えている**松**」、下へのつながりで「**待つ**（＝待っている）と聞いたならば」です。「松」や「待つ」の漢字は、別に難しくありませんが、和歌中では**不自然に平仮名になっています**ね。二つの意味を持たせたいので、あえて平仮名表記にしている場合が多いのです。よって、不自然な平仮名の部分があれば、「ここは掛詞ではないか？」と予測できます。

和歌全体は、「別れて因幡に行ったならば、因幡の山の峰に生えている松ではないが、（あなたが私を）待っていると聞いたならば、私は今すぐ帰って来よう」という意味です。

また、掛詞は「**濁点の有無は自由に考えてＯＫ**」です。たとえば、「**あらし**」に、「**嵐**」と「**あらじ**」（＝ないだろう）の意味が掛けられている場合などがそうですね。

本文チェック！

▼**7行目**

大江山**いくの**の道の遠ければまだ**ふみ**もみず天の橋立

行く　生野

踏み　文

「読解チェック」で出題しましたが、「掛詞」がよくわからなかった人には難しかったですよね。できなかったとしても落ち込む必要はまったくありませんので、今、一緒に確認しておきましょう。

「**いくの**」には、**地名**「**生野**」と「**行く**」が掛けられています。掛詞同士と、下へのつながりで、「大江山を越えて、**生野**へと通って**行く**道が遠い」となります。

「**ふみ**」には、「**踏み**」と「**文**」（＝手紙）が掛けられています。「まだ**踏んだ**ことがない（＝行ったことがない）」と「（母からの）**手紙**も見ていない」という二つの意味になります。「踏み」も「文」も難しい漢字ではありませんので、**不自然に平仮名になっている**ことから、この部分が掛詞だろうな、と予測できますね。

13

読本

雨月物語

今回のポイント

文法 「なむ」の識別

成立 一七六八年（一七七六年刊）

作者 上田秋成《あきなり》

江戸時代中期の読本《よみほん》。日本や中国の書籍を素材とした怪異小説集。崇徳《すとく》上皇が怨霊《おんりょう》として出てくる『白峰《しらみね》』、鯉の絵描きが鯉になり琵琶湖を泳ぐ『夢応《むおう》の鯉魚《りぎょ》』など九話からなります。今回は『浅茅《あさじ》が宿《やど》』から。

商いのために上京した夫の帰りを待つ妻。戦乱の世になっても、家に残り夫を待ち続けます。そして、七年ぶりに奇跡の再会を果たしますが……。

下総国《しもうさのくに》葛飾《かつしか》郡《のこほり》真間《まま》の郷《さと》に、勝四郎《かつしらう》といふ男ありけり。祖父より久しくここに住み、田畠あまた**主《ぬし》づき**て家豊かに暮らしけるが、**生長《ひととな》り**て物にかかはらぬ性《さが》より、農作を**うたてき**物に厭《いと》ひけるに、**ままに**、はた家貧しくなりにけり。**さるほどに**親族多くにも疎《うと》んじられけるを、**口惜しき**ことに**思ひしみ**て、いかにもして家を興《おこ》しなん**ものを**と**左右《とかく》にはかりける**。

読解のヒント

漢字の読み方が独特な箇所もありますが、振り仮名があるので、それを参考に読んでいきましょう。

語句と文法の確認

主づく＝所有する

生長《ひととな》る＝大人になる

※「ひととなり」は生まれつきの性質。この意味も兼ねていると考えられる。

うたてし＝嫌だ

ままに＝〜ので

さるほどに＝そのうちに

口惜し＝残念だ

思ひしむ＝深く思い込む

ものを＝「〜のになあ」と訳す終助詞

左右《とかく》に＝あれこれと

（中略）勝四郎は、上京して商売をすることにし、秋には帰ると妻に言って旅立つが、その間に関東で戦乱が起こり、下総の辺りも焼き払われたことを聞く。妻も家も焼けたと思い込み、七年の月日が過ぎたが、亡き跡だけでも見ようと戻ってくると、荒れ果てた野原の中に家が昔と変わらずあり、なんと妻が生きており、七年ぶりに再会を果たす。

妻涙をとどめて、「一たび別れ参らせて後、**銀河**《ぎんが》秋を告ぐれども君は帰り給はず。冬を待ち、春を迎へても**消息**なし。今は長き恨みもはればれとなりぬる事の嬉しく侍り。逢ふを待つ間に恋ひ死なんは人知らぬ恨みなるべし」と、また、**よよと**泣くを、「夜こそ短きに」と言ひ慰めて、ともに臥しぬ。

（中略）ぐっすり寝ていた勝四郎がなんとなく寒くて目を覚ますと、昨夜、昔のままだったはずの家が、扉もあるかないかわからないほど荒れており、家の中も雑草が生い茂り、荒れ果てた秋の野辺のようであった。

さてしも臥したる妻はいづち行きけん、見えず。かく荒れ果てぬれど、もと住みし家に**たがは**で、**つらつら**思ふに、妻はす

はかりける＝「はかりけり」が正しい形
※原文に従う。
銀河＝天の川
消息＝便り
よよと＝さめざめと
さてしも＝それにしても
たがふ＝違う
つらつら＝よくよく
鬼＝死霊・生霊
ありし形＝生前の妻の姿
語る＝契りを結ぶ

でに死《まか》りて、今は狐狸のすみかはりて、かく野らなる宿となりたれば、あやしき**鬼**の化《け》して、**ありし形**を見せつるにてぞあるべき。もしまた、我を慕ふ魂のかへり来たりて**語り**ぬるものか。

読解チェック

▼解答は１８７ページ

① 勝四郎の家が貧しくなったのはなぜですか。

② 勝四郎は、七年ぶりに再会した妻のことをどのようなものだったと考えていますか。「〜と考えている。」となるように、二通り説明しなさい。

図解

※　は今回のポイントです。

下総国《しもうさのくに》葛飾郡《かつしかのこほり》真間《まま》の郷《さと》に、**勝四郎《かつしらう》**といふ男ありけり。**祖父**より久しくここに住み、田畠あまた**主《ぬし》づき**て家豊かに暮らしけるが、**生長《ひととな》り**て物にかかはらぬ**性《さが》**より、農作を**うたてき**物に厭《いと》ひけるままに、はた家貧しくなりにけり。**さるほどに親族**多くにも疎《うと》んじられけるを、**口惜しき**ことに**思ひしみ**て、「いかにもして家を興《おこ》しなん**ものを**」と**左右《とかく》にはかりける**。

（書き込み：「勝四郎」の後に「が」、「田畠」の後に「を」、「はた家貧しく」の前に「は」、「も疎んじられけるを、」の後に「勝四郎は」を補う。「久し」「貧し」「多く」「口惜しき」「うたてき」＝形容詞、「豊かに」＝形容動詞。「けり」「ける」＝過去、「ぬ」＝打消、「に」＝完了、「られ」＝受身。「けるままに」→「「～ので」と訳し、この前の部分が理由です。」）

現代語訳

下総の国葛飾郡真間の里に、勝四郎という男がいた。祖父（の代）から長くここに住み、田畑を多く所有して裕福に暮らしたが、生まれつきの性質のまま大人になり物事に関わらない性格から、農作業を嫌なものだと嫌ったので、家は貧乏になってしまった。そのうちに親戚の多くからも疎んじられたのを、残念なことと深く思い込んで、どうにかして家を必ず再興したいのになあとあれこれ思案をめぐらせた。

（中略）勝四郎は、上京して商売をすることにし、秋には帰ると妻に言って旅立つが、その間に関東で戦乱が起こり、下総の辺りも焼き払われたことを聞く。妻も家も焼けたと思い込み、七年の月日が過ぎたが、亡き跡だけでも見ようと戻ってくると、荒れ果てた野原の中に家が昔と変わらずあり、なんと妻が生きており、七年ぶりに再会を果たす。

妻涙をとどめて、「一たび別れ参らせ（謙譲語）て後、**銀**《ぎん》**河**《が》（が）秋を告ぐれども（逆接）君は帰り給は（尊敬語）ず。冬を待ち、春を迎へても**消息**（が）なし（形容詞）。今は（「夫と七年ぶりに会えた」今。）長き（形容詞）恨みもはればれとなりぬる（完了）事の（主格／が）嬉しく（形容詞）侍り（丁寧語）。逢ふを待つ（の）間に恋ひ死なんは人知らぬ（未→打消）恨みなる（断定）べし（推量）」と、また、**よよと**泣くを、（勝四郎は）「夜こそ短き（形容詞）に」と言ひ慰めて、ともに臥しぬ（用→完了）。

☝直前が「心情＋を」だが、慰めているので、主語は変わると考える。

（中略）

妻は涙をとどめて、「いったんお別れ申し上げた後、天の川が秋の到来を告げるが、あなたはお帰りにならない。冬を待ち、春を迎えても便りがない。（ようやく会えた）今は長い恨みも晴れたことがうれしいです。会えるのを待っている間に恋い焦がれて死んでしまったならば、相手に自分の気持ちを知ってもらえず恨めしいことであろう」と、また、さめざめと泣くので、「夜は短いのだから」と言い慰めて、二人ともに寝た。

（中略）

それにしても寝ていた妻はどこに行ったのだろうか、（姿が）見えない。このように荒れ果てていたが、以前住んでいた家に間違いなく、よくよく考えて見ると、妻はすでにこの世を

（中略）ぐっすり寝ていた勝四郎がなんとなく寒くて目を覚ますと、昨夜、昔のままだったはずの家が、扉もあるかないかわからないほど荒れており、家の中も雑草が生い茂り、荒れ果てた秋の野辺のようであった。

さてしも臥したる妻はいづち行きけん、見えず。かく荒れ果てぬれど、もと住みし家に**たがはで**、**つらつら**思ふに、「妻はすでに死《まか》りて、今は狐狸のすみかはりて、かく野らなる宿となりたれば、あやしき鬼の化《け》して、**ありし形**を見せつるにてぞあるべき。もしまた、我を慕ふ魂のかへり来たりて**語り**ぬるものか」。

強意　完了　過去推量　打消　完了　逆接　過去　打消接続　断定　主格　が　存続　形容詞　主格　が　サ変　完了　断定　強意　推量（し）　主格　が　完了　疑問

勝四郎は

「心情」＋に。

「て」だが、下の主語は「狐狸」とハッキリ書いてある。

去って、今は狐や狸が住み替わって、このような野原同然である（荒れ果てた）家となっているので、怪しい死霊・生霊が化けて、生前の（妻の）姿を見せたのであろう。あるいはまた、自分を慕う亡き妻の霊魂が（あの世から）帰ってきて契りを交わしたのであろうか。

読解チェック解答

① 勝四郎が農作業を嫌なものだと嫌って、百姓仕事をしなかったから。

② 怪しい死霊や生霊のようなものが化けて、生前の妻の姿を見せたと考えている。自分を慕う亡き妻の霊魂が、あの世から帰ってきていたのかと考えている。

今回のポイント　文法　「なむ」の識別

「なむ」(＝なん)の文字が出てきたら、直前を確認すべし！

古文を読んでいて「なむ」の文字があれば、次の四つの可能性があります。

> ❶ **他者願望の終助詞「なむ」**
> ❷ **完了・強意の助動詞「ぬ」の未然形「な」＋推量系の助動詞「む」**
> ❸ **ナ変動詞の未然形の活用語尾＋推量系の助動詞「む」**
> ❹ **強意の係助詞「なむ」**

これらを見分けるためには、直前を確認しましょう。

---

❶ 未然形についている場合は、他者願望の終助詞「なむ」

例 今ひとたびのみゆき待た《未然形》**なむ**
（もう一度、天皇のお出かけを待ってほしい）

❷ 連用形についている場合は、完了・強意の助動詞「ぬ」＋推量系の助動詞「む」

完了・強意は、下に推量系がついているので「強意」になりますが、選択肢が「完了」となっていることも多いため、臨機応変に対応してください。記述であれば「強意」（＝きっと・必ず）でとるとよいです。

例 中宮は参りたまひ《連用形》**なむ**　（中宮は、きっと参上なさる**だろう**）

❸ 「死・往・去」についている場合は、ナ変動詞の活用語尾＋推量系の助動詞「む」

平仮名「し」「い」の場合は、それぞれ「死ぬ」、「去る・行く」と訳せるか確認しましょう。

例 誘ふ水あらば**い**《ナ変》**なむ**とぞ思ふ
（誘ってくれる水〔＝人〕がいるならば行こうと思う）

❹ それ意外についている場合が、強意の係助詞「なむ」

例　その竹の中に、もと光る**竹**なむ一筋ありける。
（その竹の中に、根元が光る竹が一本あった。）

ちなみに、形容詞の連用形「～**く**」、形容動詞の連用形「～**に**」、打消の助動詞「**ず**」の連用形「**ず**」についている「**なむ**」は、**強意の係助詞**です。それぞれ補助活用の連用形「～**かり**」「～**なり**」「～**ざり**」につく「**なむ**」が、**助動詞**「**ぬ**」＋**助動詞**「**む**」です。

例　悲しきことも多**く**（本活用・連用形）**なむ**（強意の係助詞）。
（悲しいことも多く（あるとのことだ）。）

嬉しきことも多**かり**（補助活用・連用形）**な**（強意）**む**（推量）。（嬉しいこともきっと多いだろう。）

本文チェック！

▼**6行目**　家を興し**なん**ものを
直前の語「**興し**」はサ行四段活用動詞の**連用形**です。よって、この「**なん**」は「**強意の助動詞＋推量系の助動詞**」（この「ん」は**意志**）。

▼**10行目**　恋ひ**死なん**は
直前の語が「**死**」なので、この「**なん**」は「**ナ変動詞の未然形の活用語尾＋推量系の助動詞**」です（この「む」は**仮定**）。

14

歌論

無名抄

今回のポイント
❶ 文法 謙譲語の「給ふ」の主語
❷ 文法 「せ」の識別

成立 一二一一年頃成立か
作者 鴨長明

鎌倉時代前期の歌論書。和歌に関する評論、歌人の逸話、名歌に関する逸話、和歌を詠む際の心得などが書かれています。長明の和歌の師は、俊恵《しゅんえ》。

自分でよいと思っている自身のものが、他人からも同じようによいと見られているとは限りません。反対に、自身の中ではそうでもないものが、世間の人に褒められていることもあるでしょう。
それでも、後世で、自分の代表作品として不本意なものが挙げられてしまうのは、避けたいでしょうね。

（俊恵が）**うちうちに申し**しは、「**かの歌**は、『身にしみて』といふ**腰の句**の**いみじう無念に**おぼゆるなり。**これほどになりぬる歌**は、**景気**を言ひ流して、ただそらに身にしみけんかしと思はせたるこそ、**心にくく**も**優に**もはべれ。いみじう言ひもて行きて、歌の**詮**《せん》とすべきふしをさはと言ひ表したれば、**むげに事浅く**なりぬる」とて、その**ついで**に、「わが歌の中には、

読解のヒント

和歌の三句目のことを「腰の句」といいます。漢字に「要」が入っていることからもイメージしやすいですが、三句目はとても大事です。
ちなみに、下手な和歌のことを「腰折れ歌」といいますよ。

語句と文法の確認

うちうちに＝内密に
申す＝この「申す」は丁寧語「申します」
かの歌＝五条三位入道（＝藤原俊成《しゅんぜい》）が自分の代表歌と考えている「夕されば野辺の秋風身にしみて鶉鳴くなり深草の里」のこと
腰の句＝第三句
いみじ＝ひどく
無念なり＝残念だ

み吉野の山かき曇り雪降ればふもとの里はうちしぐれつつ

これをなん、**かのたぐひ**にせんと思うたまふる。もし世の末に、**おぼつかなく**言ふ人もあらば、『かくこそ言ひしか』と語りたまへ」**とぞ**。

これほどになりぬる歌＝これほどにすばらしくなった歌
景気＝眼前の景色や雰囲気
心にくし＝奥ゆかしい
優なり＝優美だ
詮＝眼目
むげなり＝ひどい様子
事浅し＝ここでは「和歌の趣が浅い」の意味
ついで＝機会
かのたぐひ＝ここでは「代表歌」のこと
おぼつかなし＝はっきりしない
とぞ＝結びの省略。「言ふ」などが省略されている

読解チェック

▼解答は193ページ

① 俊恵は、どのような詠み方が、奥ゆかしく優美だと言っていますか。
② 俊恵は、なぜ、五条三位入道の和歌の三句目「身にしみて」を残念だと思ったのですか。
③ 8行目「思うたまふる」の主語は誰ですか。

図解

※ ▒ は今回のポイントです。

(俊恵が)うちうちに申ししは、「かの歌は、『身にしみて』といふ腰の句のいみじう無念におぼゆるなり。これほどになりぬる歌は、景気を言ひ流して、『ただそらに身にしみけんかし』と思はせたるこそ、心にくくも優にもはべれ。いみじう言ひもて行きて、歌の詮《せん》とすべきふしをさはと言ひ表したれば、むげに事浅くなりぬる」とて、そのついでに、「わが歌の中には、

「已然形＋ば」→確定条件。ここは「〜ので」と訳し、前が理由。

現代語訳

(俊恵が)内密に申しましたことには、「あの(五条三位入道の)歌は、『身にしみて』という第三句がひどく残念に思われるのだ。これほど(すばらしく)なった歌は、眼前の景色や雰囲気をさらっと詠んで、ただなんとなく身にしみただろうよと思わせる方が、奥ゆかしく優美でもあるのです。(『身にしみて』と)はっきり言い表してしまって、歌の眼目とすべき点を、そうだと表現しているので、ひどく和歌の趣が浅くなってしまったのだ」と言って、その機会に、「私の歌の中では、

吉野の山が一面に曇って雪が降ると、麓《ふもと》の
里は時雨が降っていることだ

これを、(私の)代表歌にしようと(私は)思っております。もし後の世に、(俊恵の代表歌が)はっきりしないと言う人があったならば、『(俊恵自身は)このように言った』とお話しください」と(申しました)。

み吉野の山かき曇り雪降れば、ふもとの里はうちしぐれつつ

これをなん、かのたぐひにせん（意志）と思うたまふる。もし世の末に、おぼつかなく（形容詞）言ふ人もあらば（未→仮定条件）、『かくこそ（強意）言ひしか（（き）過去）』と語りたまへ」とぞ（強意）（言ふ）。

直前の和歌を指します。

「み吉野の～」の和歌を代表作にしようという部分を指します。

読解チェック解答

① 眼前の景色や雰囲気をさらっと詠んで、読者になんとなくそう思わせる詠み方。

② 身にしみたであろうと読者に思わせるべきなのに、はっきりと言い表しているから。

③ 俊恵

今回のポイント❶ 文法 謙譲語の「給ふ」の主語

謙譲の補助動詞「給ふ」は主語把握に使える！

第1章の10「敬語」で、「給ふ」には、尊敬語と謙譲語の二つがあることを学習しましたね（66～68ページ）。

少し復習をしておくと、**四段活用が尊敬語**で、**下二段活用が謙譲語**です。

「**給は・給ひ・給ふ**」は**尊敬語**、「**給ふる・給ふれ**」は**謙譲語**、「給へ」の場合のみ、どちらも可能性がありました。

そして、**謙譲語**は「**会話文**」中にしか出てこず、「**思ふ**」「**覚ゆ**」「**見る**」「**聞く**」「**知る**」にしかつきませんでしたね。

このように、文法的なことを第1章では学習したのですが、実は、この謙譲語の「給ふ」は主語把握にも使えるのです！

謙譲語「給ふ」の主語は必ず一人称になります。会話文中で一人称ということは、簡単にいうと「**会話主**」のことですよね。

つまり、**謙譲語「給ふ」の主語は**、会話主です。

そして、謙譲語の「給ふ」は、**会話を聞いている人**に対する敬意を表します。

会話文中にあり、聞き手に対する敬語を表す➡丁寧語の考え方ですよね。

謙譲語の「給ふ」は訳し方も特徴的で「**～ます**」でした。敬意の方向も訳し方も、まるで「丁寧語」のようですが、種類は「**謙譲語**」です！

このように、謙譲の補助動詞「給ふ」は少し変わった敬語ではありますが、主語把握でとっても使える便利な敬語です！

是非、おさえておいてくださいね。

本文チェック！

▼**8行目** 思うたまふる

「思う」についている「**たまふる**」は、**謙譲語**の補助動詞「給ふ」の連体形。つまり、**思った人は会話主**の「俊恵」です。

今回のポイント❷ 文法 「せ」の識別

とっても簡単な「せ」の識別

文法問題で出題される識別の中で、比較的簡単なものの一つが「**せ**」の識別。

その「せ」の識別をここでマスターしましょう。
古文を読んでいて「せ」で一語の場合は、次の三つの可能性があります。

❶ 使役・尊敬の助動詞「す」の未然形か連用形
❷ 過去の助動詞「き」の未然形
❸ サ変動詞「す」の未然形

❶ 使役・尊敬の助動詞「す」の未然形か連用形

上が動詞で、語尾がa段の場合は、助動詞「す」です。「使役」か「尊敬」かの見分け方は37ページで学習したように、**真下に尊敬語があるかないかを確認**しましょう。

尊敬語が**なければ**「使役」ですが、あれば、上を確認して**「人に」がある場合**、もしくは、**それに準ずるものがある場合**が「使役」、それらがなければ「尊敬」でしたね。

例 うた**はせ**《使役》て聞きしに、……
（歌わ**せ**て聞いたところ、……）

例 このかたに心得たる**人々に**弾か**せ**《使役》給ふ。
（この方面のことを心得ている人々に弾か**せ**なさる。）

例 月の光を御覧じてぞ、慰**ませたまひ**《尊敬》ける。
（月の光をご覧になって、気持ちがおさまり**なさっ**た。）

❷ 過去の助動詞「き」の未然形

「連用形＋せば〜まし」の「せ」が**助動詞「き」**です。助動詞「き」の意味は過去ですが、「……せば〜まし」は反実仮想で「もし……ならば〜だろうに」と訳すのでしたね。

例 音なしに咲き始めける梅の花匂は**ざりせば**いかで知ら**まし**
（音無河で音もしないで咲き始めた梅の花。匂いがしなかっ**たならば**どうして気づいただろうか、いや、気づかなかっただろう）

❸ サ変動詞「す」の未然形

「する（しない）」と訳せる「せ」が**サ変動詞**です。

例 「知らず」といふを恥と**せ**ぬなり。
（「知らない」ということを恥と**し**ないのである。）

本文チェック！

▼**3〜4行目** 思**はせ**たるこそ　（思わ**せ**る方が）
上が**動詞**「思**は**」で語尾がa段なので、この「**せ**」は助動詞「**す**」ですね。**下が尊敬語ではない**ので「**使役**」です。

▼**8行目** かのたぐひに**せ**ん　（代表歌に**し**よう）
「この類（＝代表歌）に**する**」と訳せるので、この「**せ**」はサ変動詞です。

15

歌論

古今和歌集仮名序

今回のポイント
和歌
六歌仙

成立 平安時代前期
作者 紀貫之

『古今和歌集』の二つの序文のうちの一つ。冒頭にあるのが仮名で書かれている「仮名序」で、最も古い歌論。巻末にあるのが漢文で書かれている「真名序」。「真名序」の作者は紀淑望《きのよしもち》です。

ある世界で名の知れた有名人でも、その道のプロから見ると、その人の欠点などもわかるものなのかもしれません。それでも、素人から見れば素晴らしいですけど、ね！

近き世に**その名聞こえたる**人は、すなはち、僧正遍《そうじやうへん》照《ぜう》は、**歌の様**《さま》は得たれども**まこと**少なし。たとへば、絵にかける女を見て、**いたづらに**心を動かすがごとし。

在原業平は、その心余りて詞《ことば》足らず。しぼめる花の色なくてにほひ残れるがごとし。

文屋康秀《ふんやのやすひで》は、詞は巧みにてその様身に**負はず**。言はば、商人のよき衣着たらむがごとし。

読解のヒント

紀貫之が、「六歌仙」と呼ばれる有名な六人の歌人たちを批評しています
ただ、これ、現代で言うところの「ディスる」とやらでは……。
その他の歌人にはさらに毒舌。貫之はよっぽど歌に自信があったのでしょうね。

語句と文法の確認

その名聞こえたる＝歌人として名前が広く知られている
歌の様＝歌の姿
まこと＝実感
いたづらなり＝無駄だ
負はず＝相応しない
山人＝木こり

宇治山の僧喜撰《きせん》は、詞かすかにして始め終はり確かならず。言はば、秋の月を見るに暁の雲にあへるがごとし。詠める歌多く聞こえねば、かれこれを通はして、よく知らず。

小野小町《おののこまち》は、いにしへの衣通姫《そとほりひめ》の流なり。あはれなるやうにて強からず。言はば、良き女の悩める所あるに似たり。強からぬは女の歌なればなるべし。

大友黒主《おほとものくろぬし》は、その様いやし。言はば、薪負へる**山人**《やまびと》の花の陰に休めるがごとし。

この他の人々、その名聞こゆる、野辺に生ふる**葛**《かづら》の這《は》ひ広ごり、林に繁き木の葉のごとくに多かれど、歌とのみ思ひて、その様知らぬなるべし。

葛＝つる草

読解チェック

▼解答は200ページ

① 宇治山の僧喜撰のことを「よく知らず（よくわからない）」と言っているのは、なぜですか。

② 小野小町の歌に、強さがないのはなぜだと作者は考えていますか。

難 ③ 17〜18行目「歌とのみ思ひて、その様知らぬなるべし」とは、どういうことですか。

図解

※ は今回のポイントです。

近き世にその名聞こえたる人は、すなはち、僧正遍照《そうじやうへんぜう》は、歌の様《さま》は得たれどもまこと少なし。たとへば、絵にかける女を見て、いたづらに心を動かすがごとし。

存続　存続　逆接　形容詞　存続　形容動詞　体　比況

「連体形＋が＋ごとし」です。上が体言の場合は「体言＋の＋ごとし」となります。

在原業平は、その心余りて詞《ことば》足らず。しぼめる花の色なくてにほひ残れるがごとし。

が　は　が　が　打消　完了　形容詞　体　存続　比況

文屋康秀《ふんやのやすひで》は、詞は巧みにてその様身に負はず。言はば、商人

打消

同一表現より、「歌の様」と考える。

現代語訳

近い時代に歌人として名前が広く知られている人は、詳しく言うと、僧正遍照は、歌の姿は心得ているが実感が少ない。たとえば、絵に描いてある女性を見て、無駄に心を惹かれるようなものだ。

在原業平は、心や情趣はあふれているが言葉が足りない。しぼんだ花の色がなくてにおいが残っているようなものだ。

文屋康秀は、言葉（の技巧）は上手だが歌の姿〔＝歌風〕が相応しない。言うならば、商人が良い服を着ているようなものだ。

主格 形容詞
のよき衣着たらむがごとし。

「喜撰法師」といわれるのが一般的です。

が 存続（体） 婉曲 比況

宇治山の僧喜撰（きせん）は、詞かすかにして始め終はり確かならず。

が 形容動詞

が 打消 形容動詞

言はば、秋の月を見るに暁の雲にあへるがごとし。詠める歌多

完了（体） 比況 完了

が

く聞こえねば、かれこれを通はして、よく知らず。

形容詞 打消

「已然形＋ば」→確定条件。ここは「〜ので」と訳し、前が理由。

打消

小野小町（おののこまち）は、いにしへの衣通姫（そとほりひめ）の流なり。あはれなるやうに

断定 形容動詞

て強からず。言はば、良き女の悩める所あるに似たり。強から

形容詞 打消 形容詞 主格

が の

存続

ぬは女の歌なればなるべし。

打消 の

断定 断定 推量

「〜なればなり」→「であるからである」となり、「〜だからである」と訳します。

10

宇治山の僧喜撰は、言葉がはっきりしていなくて始めと終わりがしっかりしていない。言うならば、秋の月を見ているのに暁の雲に会ったようだ。詠んだ歌が多く知られていないので、あれこれと比べられず、よくわからない。

小野小町は、昔の衣通姫の歌風（と同じ）である。しみじみとしているようで強さがない。言うならば、好ましい女性が悩み事があるのに似ている。強さがないのは女性の歌であるからだろう。

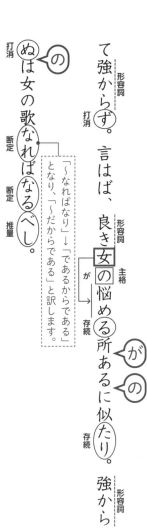

大友黒主《おほとものくろぬし》は、その様いやし。言はば、薪負へる山人《やまびと》の花の陰に休めるがごとし。

この他の人々、その名聞こゆる、野辺に生ふる葛《かづら》の這《は》ひ広ごり、林に繁き木の葉のごとくに多かれど、歌とのみ思ひて、その様知らぬなるべし。

が　を　は　が　人は　形だけで

大友黒主＝主格の「が」を補う／いやし＝形容詞／負へる＝存続／山人の「の」＝主格（が）／休める＝存続・体／ごとし＝比況

人々＝歌人／葛の「の」＝主格（が）／繁き＝形容詞／ごとく＝比況／多かれ＝形容詞／ど＝逆接／ぬ＝打消（未）／なる＝断定（体）／べし＝推量

同一表現より、「歌の様」と考える。

同一表現より、「歌の様」と考える。

文脈から、「形だけで」などを補って解釈しましょう。

大友黒主は、歌の姿に品がない。言うならば、薪を背負っている木こりが花のかげに休んでいるようだ。

この他の歌人は、その名が広く知られている人は、野原に生えているつる草が生え広がり、林に繁る木の葉のように多いが、（形だけでどんなものでも）歌だとばかり思って、歌の姿・本質をわかっていないのであろう。

読解チェック解答

① 詠んだ歌が多く知られていないから。

② 女性が詠んだ歌だから。

難 ③ 形だけで歌だと思い、歌の本当の姿・本質をわかっていないということ。

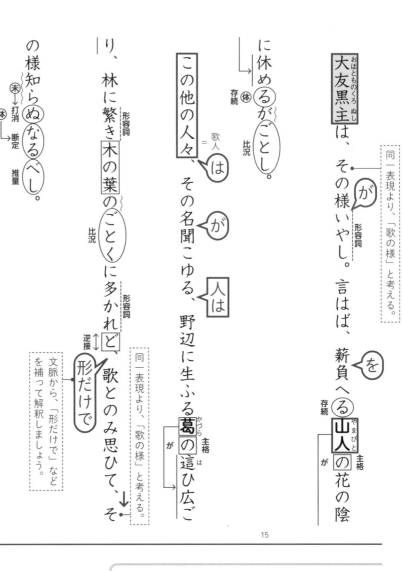

今回のポイント
和歌
六歌仙

「歌道の名人」のはずなのに⁉『古今和歌集仮名序』で紀貫之に言いたい放題書かれている六歌仙

紀貫之が、『古今和歌集仮名序』で具体的に名前を挙げた、「**僧正《そうじょう》遍照《へんじょう》・在原業平《ありわらのなりひら》・文屋康秀《ふんやのやすひで》・宇治山の喜撰《きせん》（＝喜撰法師）・小野小《おののこ》町《まち》・大友黒主《おおとものくろぬし》**（＝大伴黒主）」の六人の歌人を「**六歌仙《ろっかせん》**」といいます。

貫之は、かなり厳しめな評価を下していますが、大友黒主以外の五人は「百人一首」にも採られているほどの歌人です。

各人の百人一首に採られている歌と、大友黒主の歌をご紹介しておきます。

僧正遍照

「**天《あま》つ風雲の通ひ路《ぢ》吹き閉ぢよをとめの姿しばしとどめむ**」

（空に吹く風よ、（天女たちが帰る）雲の通り道を吹き閉じよ。天女たちの姿をもうしばらくとどめておきたい）

宮中で、「五節《ごせち》の舞」が催された際に詠んだ歌です。舞姫を天女に喩えているのです。

ちなみに、この和歌は出家前（俗名：良岑宗貞《よしみねのむねさだ》）に詠んだものです。

在原業平

「**ちはやぶる神世《かみよ》もきかず竜田川からくれなゐに水くくるとは**」

（神代の昔にも聞いたことがない。竜田川が（紅葉で）真っ赤に水をくくり染にするとは）

『古今和歌集』では、屏風に描かれている、竜田川に紅葉が流れている絵を見て詠んだ歌とされています。

「**ちはやぶる**」は「**神**」を導く**枕詞《まくらことば》**。竜田川は**歌枕《うたまくら》**（＝和歌に詠み込まれる名所のこと）。

文屋康秀

「**吹くからに秋の草木のしをるればむべ山風をあらしといふらむ**」

（山風が吹くとすぐに秋の草木がしおれるので、なるほど、山から吹きおろす風を「荒らし・嵐」と言っているのだろう）

「嵐」の漢字を「山」と「風」に分けています。そして、「**あらし**」に「**嵐**」と「**荒らし**」が掛けられています。

言葉遊びの和歌です。貫之も「言葉（の技巧）は上手」と書いていましたね。

喜撰法師

「我が庵《いほ》は都のたつみしかぞ住む世をうぢ山と人はいふなり」

（私の庵は都の南東にあり、そのように（つらいと思って）住んでいる。世の中をつらいと思う宇治山と、人は言うようだ）

「**うぢ**」に「**宇治**」と「**憂し**」が掛けられています。

喜撰法師は「六歌仙の一人」ということ以外、よくわかっていない人物です。

小野小町

「花の色は移りにけりないたづらに我が身世にふるながめせし間《ま》に」

（花の色はすっかり色あせてしまったなあ。むなしく月日を過ごして、長雨が降り続いている間に。（私も容色がすっかり衰えてしまったなあ。むなしく月日を過ごして、物思いにふけっているうちに））

「**ふる**」に「**降る**」と「**経る**」が、「**ながめ**」に「**長雨**」と「**眺め**」（＝物思いにふける）が掛けられています。

花の色があせていく嘆きを詠んでいますが、自分の容色が衰えていく嘆きを含ませて詠んでいる歌です。

大友黒主

「思ひいでて恋しき時は初雁《はつかり》のなきてわたると人知るらめや」

（あなたのことを思い出して恋しい時は、初雁が鳴いて空を渡るように、私が泣いてあなたの家のあたりを歩き回っているとは、人が知るだろうか、いや、知らないだろう）

「初雁」とは、秋になり渡ってくる初めの雁のことです。

「**なき**」に「**鳴き**」と「**泣き**」を掛けています。

「らめや」は反語。

この歌は『古今和歌集』に収録されています。

巻末付録

用言活用表

動詞活用表

※色字部分……ローマ字は段を、ひらがなはどの語でも変化しない音を表す。

種類	基本形の例	語幹	未然形 〜ず	連用形 〜たり	終止形 。（言い切り）	連体形 〜とき	已然形 〜ば／ども	命令形 。（命令）	備考
四段活用	行く	行	か a	き i	く u	く u	け e	け e	未然形がa段の音
上二段活用	落つ	落	ち i	ち i	つ u	つる uる	つれ uれ	ちよ iよ	未然形がi段の音
下二段活用	捨つ	捨	て e	て e	つ u	つる uる	つれ uれ	てよ eよ	未然形がe段の音
上一段活用	見る	○	み i	み i	みる iる	みる iる	みれ iれ	みよ iよ	「着る・似る・煮る・干る・見る・射る・居る・率る・率いる・用いる」など
下一段活用	蹴る	○	け	け	ける	ける	けれ	けよ	「蹴る」の一語
カ行変格活用	来	○	こ	き	く	くる	くれ	こ（こよ）	「来」など
サ行変格活用	す	○	せ	し	す	する	すれ	せよ	「す・おはす・ものす」など
ナ行変格活用	死ぬ	死	な	に	ぬ	ぬる	ぬれ	ね	「死ぬ・往（去）ぬ」の二語
ラ行変格活用	あり	あ	ら	り	り	る	れ	れ	「あり・をり・侍り・いまそかり」など

形容詞活用表

※右列が本活用、左は補助活用（「高かり（き）」のように、助動詞に接続する活用）。

種類	基本形の例	語幹	未然形 ～ず	連用形 なる(用言)／き	終止形 。(言い切り)	連体形 とき	已然形 ば／ども	命令形 。(命令)	備考
ク活用	高し	高	(く)	く	し	き	けれ	○	
			から	かり	○	かる	○	かれ	
シク活用	うつくし	うつく	(しく)	しく	し	しき	しけれ	○	
			しから	しかり	○	しかる	○	しかれ	

形容動詞活用表

種類	基本形の例	語幹	未然形 ～ず	連用形 けり／用言	終止形 。(言い切り)	連体形 とき	已然形 ば／ども	命令形 。(命令)	備考
ナリ活用	静かなり	静か	なら	なり／に	なり	なる	なれ	なれ	連用形「なり」には、基本的に助動詞が接続する
タリ活用	堂々たり	堂々	たら	たり／と	たり	たる	たれ	たれ	軍記物（漢文調）などで使われる 連用形「たり」には、基本的に助動詞が接続する

おもな助動詞活用表

接続	基本形	意味（訳）	未然形 〜ず	連用形 たり	終止形 。（言い切り）	連体形 とき	已然形 ば／ども	命令形 。（命令）	活用型	備考
未然形	る	受身（〜れる・られる） 尊敬（〜なさる） 自発（自然と〜される） 可能（〜できる）	れ	れ	る	るる	るれ	れよ	下二段型	**四段・ナ変・ラ変**に接続
	らる		られ	られ	らる	らるる	らるれ	られよ		四段・ナ変・ラ変**以外**に接続
	す	使役（〜せる・させる） 尊敬（〜なさる）	せ	せ	す	する	すれ	せよ	下二段型	**四段・ナ変・ラ変**に接続
	さす		させ	させ	さす	さする	さすれ	させよ		四段・ナ変・ラ変**以外**に接続
	しむ		しめ	しめ	しむ	しむる	しむれ	しめよ		漢文調で使われる
	む	推量（〜だろう） 意志（〜よう・たい） 勧誘・適当（〜ほうがよい） 婉曲（〜ような） 仮定（〜ならば）	○	○	む〔ん〕	む〔ん〕	め	○	四段型	
	むず		○	○	むず〔んず〕	むずる〔んずる〕	むずれ〔んずれ〕	○	サ変型	
	ず	打消（〜ない）	（ず） ざら	ず ざり	ず ○	ぬ ざる	ね ざれ	○ ざれ	特殊型	
	じ	打消推量（〜ないだろう） 打消意志（〜まい）	○	○	じ	じ	じ	○	無変化型	
	まし	反実仮想（〜だろうに） ためらいの意志（〜かしら）	ましか （ませ）	○	まし	まし	ましか	○	特殊型	
	まほし	希望（〜たい）	○ まほしから	まほしく まほしかり	まほし ○	まほしき まほしかる	まほしけれ ○	○ ○	形容詞型	
連用形	き	経験過去（〜た）	（せ）	○	き	し	しか	○	特殊型	**カ変・サ変**は**未然形**に接続
	けり	伝聞過去（〜た・たそうだ） 詠嘆（〜だなあ）	（けら）	○	けり	ける	けれ	○	ラ変型	
	つ	完了（〜た・てしまった） 強意（きっと〜）	て	て	つ	つる	つれ	てよ	下二段型	
	ぬ		な	に	ぬ	ぬる	ぬれ	ね	ナ変型	

接続	語	意味							活用の型	
連用形	たり	存続（～ている）完了（～た・てしまった）	たら	たり	たり	たる	たれ	たれ	ラ変型	
連用形	たし	希望（～たい）	○/たから	たく/たかり	たし/○	たき/たかる	たけれ/○	○/○	形容詞型	
連用形	けむ	過去推量（～ただろう）過去原因推量（どうして～たのだろう）過去の伝聞婉曲（～たような・たとかいう）	○	○	けむ〔けん〕	けむ〔けん〕	けめ	○	四段型	
終止形 ※ラ変型の語につくときは連体形	らむ	現在推量（今ごろ～ているだろう）現在原因推量（どうして～ているのだろう）現在婉曲（～ているような）現在伝聞（～ているとかいう）	○	○	らむ〔らん〕	らむ〔らん〕	らめ	○	四段型	
終止形	らし	推定（～らしい）	○	○	らし	らし	らし	○	特殊型	
終止形	めり	推定・婉曲（～ようだ）	○	めり	めり	める	めれ	○	ラ変型	
終止形	べし	推量（～だろう）意志（～よう、たい）可能（～できる）当然（～はずだ）命令（～せよ）適当（～ほうがよい）	○/べから	べく/べかり	べし/○	べき/べかる	べけれ/○	○/○	形容詞型	
終止形	まじ	打消推量（～ないだろう）打消意志（～ないつもりだ）不可能（～できない）打消当然（～はずがない）不適当（～ないほうがよい）禁止（～するな）	○/まじから	まじく/まじかり	まじ/○	まじき/まじかる	まじけれ/○	○/○	形容詞型	
終止形	なり	伝聞（～そうだ）推定（～ようだ）	○	なり	なり	なる	なれ	○	ラ変型	
体言・連体形	なり	断定（～である）存在（～にある）	なら	なり/に	なり	なる	なれ	なれ	形容動詞型	
体言	たり	断定（～である）	たら	たり/と	たり	たる	たれ	たれ	形容動詞型	漢文調で使われる
特殊	り	存続（～ている）完了（～た、てしまった）	ら	り	り	る	れ	れ	ラ変型	**サ変の未然形・四段の已然形のみ**に接続
特殊	ごとし	比況（～ようだ）例示（～などのようだ）	○	ごとく	ごとし	ごとき	○	○	形容詞型	**格助詞「の・が」**と**体言・連体形**に接続

助詞一覧表

格助詞

助詞	おもな意味（訳）	接続
が	主格（～が） 連体格（～の） 準体格（～のもの・こと） 同格（～で）	連体形・体言
の	主格（～が） 連体格（～の） 準体格（～のもの・こと） 連用（修飾）格（～のように） 同格（～で）	
を	動作の対象・場所・時間（～を）	
に	時間・場所・結果・原因・目的 〈受身・使役・比較〉の対象（～に） 強意（ひたすら～） 尊敬（～におかれては）	
より	基準・起点（～より） 手段（～で） 即時（～するとすぐ） 限定（～以外には） 経由（～を通って）	
から	起点（～から）	
にて	時・場所・原因・手段（～で）	
して	手段・方法（～で） 使役の対象（～に命じて） 動作の仲間（～と）	
へ	方向（～へ）	体言
と・とて	引用（～と）	引用句

係助詞

助詞	おもな意味（訳）	接続
は	他と区別して取り立てる（～は）	さまざまな語
も	添加（～もまた） 並列・列挙（～も）	
ぞ・なむ・こそ	強意（訳さなくてよい）	
や・か	疑問（～か） 反語（～か、いや～ない）	

副助詞

助詞	おもな意味（訳）	接続
だに	類推（～さえ） 限定（せめて～だけでも）	さまざまな語
すら	類推（～さえ）	
さへ	添加（～までも）	
のみ	限定（～だけ） 強意（とりわけ～）	
ばかり	程度・範囲（～くらい・～ほど） 限定（～だけ）	
など	引用・例示・婉曲（～など）	
まで	範囲・限度（～まで） 程度（～ほど）	
し・しも	強意（訳さなくてよい）	

接続助詞

助詞	おもな意味（訳）	接続
ば	順接仮定条件（もし～ならば・～たら）	未然形
	順接確定条件 原因（～ので・～から） 偶然条件（～すると・～したところ） 恒常条件（～するといつも）	已然形
で	打消接続（～しないで）	未然形
て・して	単純接続（～て）	連用形
つつ	動作の反復・継続（～ては・～続けて） 動作の並行（～ながら）	
ながら	逆接確定条件（～けれども） 動作の並行（～ながら） 状態（～のまま）	連用形・形容詞語幹・体言　など
と・とも	逆接仮定条件（たとえ～としても）	終止形（形容詞型の語・打消「ず」は連用形）
が	逆接確定条件（～が・～けれども） 単純接続（～が）	連体形
に・を	単純接続（～すると・～したところ） 順接確定条件（～ので・～から） 逆接確定条件（～が・～けれども）	
ものの・ものから・ものゆゑ・ものを	逆接確定条件（～けれども） 原因・理由（～ので）※「ものの」以外	
からに	原因・理由（～ために・～ばかりに） 即時（～と同時に・～とすぐに） 逆接仮定条件 （～だからといって・たとえ～だとしても）	
ど・ども	逆接確定条件（～けれども）	已然形

終助詞

助詞	おもな意味（訳）	接続
ばや	自己願望（～たい）	未然形
なむ	他者願望（～てほしい）	
てしがな・にしがな	自己願望（～たいものだなあ）	連用形
もがな	願望（～があればなあ・～であればなあ）	さまざまな語
な	禁止（～するな）	終止形（ラ変型の語は連体形）
（な……）そ	禁止（～するな）	連用形（カ変・サ変は未然形）
かな	詠嘆（～なあ）	体言・連体形
かも	詠嘆（～なあ） 詠嘆をふくんだ疑問（～かなあ）	
は	詠嘆（～なあ）	
かし	念押し（～よ・～ね）	文末
な	詠嘆（～なあ）	

間投助詞

助詞	おもな意味（訳）	接続
を	詠嘆（～よ・～なあ）	さまざまな語
や	詠嘆（～よ・～なあ）	
よ	呼びかけ（～よ）	
こそ	呼びかけ（～さん）	人名・人名に準ずる語

おもな敬語動詞一覧表

敬語の種類

尊敬語……動作をする人（もの）〔＝主体〕に対する敬意を表す語
謙譲語……動作を受ける人（もの）〔＝客体〕に対する敬意を表す語
丁寧語……会話の聞き手や読者〔＝対者〕に対する敬意を表す語

※本動詞………それ自体に独立した意味がある動詞。
※補助動詞……動詞本来の意味を失い、他の語について付属的な意味を添える。

尊敬語

補	敬語動詞	普通語	訳し方
	あそばす	す	なさる
★	**おはす・おはします・ます・います**	あり・をり 行く・来	いらっしゃる・おいでになる 補お〜になる・〜なさる・〜でいらっしゃる
	まします・いますかり・いまそかり	あり	
	大殿《おほとの》ごもる	寝《ぬ》・寝《い》ぬ	おやすみになる
	おぼす・おぼしめす・おもほす	思ふ	お思いになる
	きこしめす	聞く・食ふ　など	お聞きになる・召し上がる
	ごらんず	見る	御覧になる
	しろしめす	知る・治《し》む（治《し》る・領《し》る）	お知りになる・お治めになる

謙譲語

補	敬語動詞	普通語	訳し方
	うけたまはる	受く・聞く	お受けする・お聞きする
★	**たてまつる・まゐらす**	与ふ	さし上げる 補お〜申し上げる、お〜する
	まゐる		
★	**たまはる**	受く・もらふ	いただく・頂戴する 補〜ていただく
★	**たまふ（下二段）**	受く・飲む・食ふ	〜いただく 補させていただく
★	**つかまつる・つかうまつる**	仕ふ・す	お仕えする・し申し上げる 補お〜申し上げる・お〜する

★	**たまふ（四段）・たぶ・たうぶ**	与ふ	お与えになる・くださる 補 お～になる・～なさる・～でいらっしゃる
	たまはす		
	たてまつる	飲む・食ふ 着る・乗る	召し上がる・お召しになる・お乗りになる
	のたまふ・のたまはす・おほす	言ふ	おっしゃる
	まゐる	食ふ・す	召し上がる・なさる
★	**召す**	呼ぶ・食ふ など	お呼びになる・召し上がる 補 お～になる・～なさる・～でいらっしゃる

	はべり・さぶらふ	仕ふ	お仕えする
★	**申す**	言ふ	申し上げる 補 お～申し上げる、お～する
★	**聞こゆ・聞こえさす**		
	奏す		（天皇・上皇に）申し上げる
	啓す		（皇后・皇太子に）申し上げる
	まかる・まかづ	出づ（行く）	退出する（参上する）
	まゐる・まうづ	行く・来	参上する・参詣する

丁寧語

補	敬語動詞	普通語	訳し方
★	**はべり・さぶらふ**	あり・をり	あります・おります・います 補 ～です・～ます・～ございます

重要古語一覧

◎主要な語義を精選しています。
◎色字は読解時に特に覚えておくとよいものです。

動詞

〈自〉＝自動詞　〈他〉＝他動詞
〈本〉＝本動詞　〈補助〉＝補助動詞

あ

あふ【会ふ・逢ふ】	①出会う・対面する　②**結婚する**
ありく【歩く】	移動する・**あちこち歩き回る**
いぬ【往ぬ・去ぬ】	**去る**
いらふ【答ふ・応ふ】	**返事をする**・答える
うけたまはる【承る】	①お受けする〔「受く」の謙譲語〕　②うかがう〔「聞く」の謙譲語〕
うちとく【打ち解く】	①**くつろぐ**・気を許す　②溶ける
おこたる【怠る】	①なまける　②**病気がよくなる**
おこなふ【行ふ】	1〈自〉**仏道修行をする**　2〈他〉①実行する　②処理する・支配する
おとなふ	①音をたてる　②**訪問する**　③手紙を出す
おどろく【驚く】	①**はっとして気づく**　②**目が覚める**　③びっくりする。
おはす	1〈本〉いらっしゃる〔「あり」「居《を》り」「行く」「来」の尊敬語〕　2〈補助〉〔尊敬〕～でいらっしゃる
おほす【仰す】	①命じる　②おっしゃる〔「言ふ」の尊敬語〕
おぼす【思す】	お思いになる〔「思ふ」の尊敬語〕
おぼゆ【覚ゆ】	①**自然に思われる**・感じる　②思い出される　③似る

か

かくる【隠る】	①隠れる　②（身分の高い人が）**亡くなる**
かしづく	①**大切に育てる**　②**大切に世話をする**
かづく【被く】（四段）	①かぶる　②**ほうびをいただく**
きこゆ【聞こゆ】	1①聞こえる　②うわさされる　③理解される　2〈本〉申し上げる〔「言ふ」の謙譲語〕　3〈補助〉〔謙譲〕お～申し上げる・お～する
ぐす【具す】	1〈自〉①備わる　②**一緒に行く**　2〈他〉①備える　②**引き連れる**
けいす【啓す】	（皇后・皇太子に）**申し上げる**〔「言ふ」の謙譲語〕
ごらんず【御覧ず】	ごらんになる〔「見る」の尊敬語〕

さ

さぶらふ【候ふ】	1〈本〉①お仕えする〔「仕ふ」の謙譲語〕　②あります〔「あり」の丁寧語〕　2〈補助〉〔丁寧〕～です・～ます・**ございます**
さり【然り】	そうである。
すく【好く】	1〈自〉①色好みである　②**風流である**　2〈他〉好む

た

そうす【奏す】	〔天皇・上皇に〕申し上げる〔「言ふ」の謙譲語〕
たてまつる【奉る】	［1］①〈本〉差し上げる〔「与ふ」の謙譲語〕②召し上がる〔「飲む」「食ふ」の尊敬語〕③お召しになる〔「着る」の尊敬語〕④お乗りになる〔「乗る」の尊敬語〕 ［2］〈補助〉〔謙譲〕お〜申し上げる・お〜する
ときめく【時めく】	①時流に乗って栄える ②寵愛を受ける
とふ【問ふ・訪ふ】	①尋ねる ②訪問する・見舞う
とらす【取らす】	与える

な

なやむ【悩む】	①病気になる・病気で苦しむ ②苦労する・困る ③非難する
ねんず【念ず】	①祈る ②我慢する
のたまふ【宣ふ】	おっしゃる〔「言ふ」の尊敬語〕
ののしる【罵る】	①大騒ぎする ②うわさをする・評判になる

は

はべり【侍り】	［1］〈自〉①お仕えする〔「仕ふ」の謙譲語〕②あります・おります〔「あり」「居り」の丁寧語〕 ［2］〈補助〉〔丁寧〕〜ます・〜ございます

ま

まもる【守る】	①目を離さず見つめる ②見張る・警戒する
まゐる【参る】	①参上する〔「行く」「来」の謙譲語〕②（何かを）してさしあげる〔「す」の謙譲語〕③召し上がる〔「飲む」「食ふ」の尊敬語〕
みゆ【見ゆ】	①見える ②会う・対面する ③（人に）見られる ④結婚する ⑤思われる
ものす【物す】	［1］〈自〉ある・いる ［2］〈他〉する ※いろいろな動詞の代わりに用いられ、文脈から訳を決める。

や

よばふ【呼ばふ】	①何度も呼ぶ ②求婚する

わ

わたる【渡る】	〈補助〉①〔時間的に〕ずっと〜続ける ②〔空間的に〕一面にずっと〜する
わぶ【侘ぶ】	①つらく思う ②寂しく思う ③困る

形容詞

あ

あさまし	①驚きあきれるばかりだ ②ひどい
あやし	［1］【怪し】不思議だ ［2］【賤し】身分が低い・粗末だ
あらまほし	理想的だ
ありがたし【有り難し】	①めったにない ②すぐれている ③難しい ④尊い ⑤生きながらえにくい
いとけなし【幼けなし】	幼い
いとほし	①かわいそうだ・気の毒だ ②かわいい
いみじ	①たいへん・非常に ②よい・すばらしい ③ひどい・とんでもない
いやし【卑し・賤し】	①身分が低い ②粗末だ ③けちだ ④下品だ

うし【憂し】	1 ①つらい・苦しい ②わずらわしい・いやだ ③にくい 2 〈V《動詞》＋うし〉（V《動詞》するのが）つらい・いやだ
うしろめたし【後ろめたし】	①不安だ ②気がとがめる
うしろやすし【後ろ安し】	安心だ
うつくし【美し・愛し】	①かわいい ②かわいらしい ③きれいだ ④見事だ
おぼつかなし	①はっきりしない ②気がかりだ・不安だ ③待ち遠しい
か	
かぎりなし【限りなし】	①際限がない ②ひととおりでない・はなはだしい ③この上ない
かなし【愛し】	①かわいい・いとしい ②すばらしい
くちをし【口惜し】	①残念だ ②つまらない
こころうし【心憂し】	①つらい・情けない ②不快だ
こころもとなし【心許なし】	①待ち遠しい ②気がかりだ・不安だ ③はっきりしない
さ	
しげし【繁し】	①多い ②しきりだ・絶え間ない
すさまじ【凄じ】	①興ざめだ ②寒々としている
せむかたなし【為む方無し】	どうしようもない
た	
つきづきし【付き付きし】	似つかわしい・ふさわしい

は	
はしたなし	①中途半端だ・不似合いだ ②きまりが悪い ③そっけない
ま	
めでたし	すばらしい
や	
やさし【恥し・優し】	①身も細るほど辛い ②気恥ずかしい・きまり悪い ③優美だ・上品だ ④けなげだ・殊勝だ。
やすし	1【易し】簡単だ・容易だ 2【安し】安らかだ
ゆゆし	①不吉だ・縁起が悪い ②はなはだしい ③すばらしい・りっぱだ
よしなし【由無し】	①理由がない ②方法がない ③つまらない
わ	
わびし【侘びし】	①苦しい・つらい ②さびしい・物悲しい
わりなし	①道理に合わない・無理だ ②つらい
をかし	①趣がある ②すばらしい ③かわいらしい ④こっけいだ

形容動詞

あ	
あはれなり	しみじみと心を動かされる（趣深い・気の毒だ・悲しい・いとしい など）
いたづらなり【徒らなり】	①むなしい ②役に立たない・無駄だ ③手持ちぶさただ ④何もない
おろかなり【疎かなり・愚かなり】	①いい加減だ ②愚かだ
か	
きよげなり【清げなり】	①さっぱりとして美しい ②きちんとしている

- **ことさらなり**【殊更なり】 ①**格別だ** ②意図的だ・わざわざ
- **ことなり**【異なり・殊なり】 ①変わっている ②**格別だ**

た

- **つれづれなり**【徒然なり】 手持ちぶさただ・**退屈だ**

ま

- **まめやかなり**【忠実やかなり】 ①**まじめだ・誠実だ** ②本格的だ

名詞

あ

- **あそび**【遊び】 ①**詩歌・管弦のあそび** ②狩り・行楽
- **うち**【内（裏）】 ①宮中 ②帝
- **おほやけ**【公】 ①朝廷・政府 ②天皇 ③公的なこと

か

- **かげ**【影・景】 ①（日・月などの）**光** ②（人や物の）**姿・形** ③面影
- **かた**【方】 ①**方向**・方面 ②方法 ③場所 ④ころ
- **かたち**【形・容・貌】 ①（物の）形・形態 ②**容貌**・顔つき ③美人 ④（人の）姿や様子
- **きんだち**【公達・君達】 上流貴族の息子や娘
- **けしき**【気色】 ①**様子** ②**機嫌** ③意向
- **ことわり**【理】 ①**道理**・物事の筋道 ②理由

さ

- **しるし** [1]【印・標・証】①目印 ②証拠 [2]【徴・験】①**前兆** ②（神仏の）**霊験** ③効果
- **せうそこ**【消息】 ①**手紙** ②訪問すること
- **せんざい**【前栽】 庭の植え込み

た

- **だいり**【内裏】 宮中
- **ためし**【例し・試し】 前例・先例
- **つとめて** ①早朝 ②翌朝
- **つぼね**【局】 宮中や貴族の屋敷で、女房が寝起きする部屋
- **て**【手】 ①手 ②取っ手 ③**筆跡・文字** ④腕前 ⑤手段

な

- **なさけ**【情け】 ①人情・**思いやり** ②**風流心**
- **なんぢ**【汝】 おまえ・そなた ※「なむぢ」とも
- **にょうばう**【女房】 ①宮中などで天皇や后に仕え、部屋を与えられていた女官 ②貴族の家に仕える女性

は

- **ひじり**【聖】 ①**徳の高い立派な僧** ②（一般の）修行僧・法師
- **ふみ**【文・書】 ①**書物・文書** ②**手紙** ③**学問** ④**漢詩**
- **ほい**【本意】 **本来の意志・目的**

ま

- **みゆき**【行幸・御幸】 天皇・上皇・女院などのお出かけ

ら

- **らうどう**【郎等】 従者・家来
- **ろく**【禄】 ①給与 ②**ほうび**

わ

- **わらは**【童】 ①成人前の子ども ②子どもの召使い

副詞

あ	**あながち**【強ち】	〔後に打消の語を伴い〕必ずしも（〜ない）
	あまた【数多】	たくさん・多く
	いかで（か）	①〔反語〕どうして〜か、いや、〜ない ②〔疑問〕どうして ③〔願望〕どうにかして
	いかに	①どのように ②どんなに（〜だろう） ③どうして
	いたく	①非常に ②〔後に打消の語を伴い〕たいして（〜ない）・それほど（〜ない）
	いと	①非常に ②〔後に打消の語を伴い〕たいして（〜ない）・それほど（〜ない）
	え〜	〔後に打消の語を伴い〕〜できない
か	**かく**	こう・このように
	かねて【予ねて】	①前もって ②以前に
	げに【実に】	本当に・なるほど
さ	**さ**	そう・そのように
	さらに〜	〔後に打消の語を伴い〕全く（〜ない）・決して（〜ない）
	すなはち【即ち・則ち】	すぐに
	すべて〜	〔後に打消の語を伴い〕全く（〜ない）・決して（〜ない）
た	**つゆ〜**	〔後に打消の語を伴い〕少しも（〜ない）・全く（〜ない）
	とく【疾く】	①早く ②とっくに
な	**な〜**	〔後に終助詞「そ」を伴い〕〜するな
	など	①〔疑問〕なぜ・どうして ②〔反語〕どうして〜か、いや、〜ない
	なほ【猶・尚】	やはり・依然として
や	**やうやう**【漸う】	次第に・だんだん

その他（連体詞・接続詞・感動詞・助詞）

連体詞	**さる**	①そのような ②しかるべき
接続詞	**さらば**	それならば
接続詞	**されば**	だから
感動詞	**あな・あはれ**	ああ
助詞	**ものかは**	①〔強い感動〕〜ではないか ②〔反語〕〜ものであろうか、いや、〜ではない

連語・慣用句など

あ	**いかがはせむ**	いったいどうしようか・**どうしようもない**
	いふかひなし	言ってもしかたない・**どうしようもない**
	いふ（べき）かたなし	〔いい意味でも悪い意味でも〕**何とも言いようがない**
	いふべきにもあらず	**言葉で言い表せない**
	いふもおろかなり	**言っても言い尽くせない**
	いふもさらなり	**今さら言うまでもない**
	おとにきく【音に聞く】	①**うわさに聞く** ②**有名だ**
か	**かの**	あの・その
は	**はかなくなる**	死ぬ
ま	**ものもおぼえず**【物も覚えず】	どうしてよいかわからない・正気を失っている
ら	**れいならず**【例ならず】	①**いつもと違っている** ②体調不良・**病気である**
わ	**われにもあらず**【我にもあらず】	茫然自失である・正気を失っている

古文文学史・おもな流れ

	奈良	平安
歴史書	○古事記（稗田阿礼・太安万侶） ○日本書紀（舎人親王ら）	
日記		❶土佐日記（紀貫之） ❷蜻蛉日記（藤原道綱母） ○和泉式部日記（和泉式部） ❸紫式部日記（紫式部） ○更級日記（菅原孝標女） ○讃岐典侍日記（藤原長子）
作り物語		❺竹取物語 ○落窪物語 ❻源氏物語（紫式部）
歌物語		❹伊勢物語 ○大和物語
歌論		❾俊頼髄脳（源俊頼）
和歌集	❿万葉集（大伴家持ら）	⓫古今和歌集（紀友則・紀貫之・凡河内躬恒・壬生忠岑） ○後撰和歌集（源順ら） ○拾遺和歌集 ○後拾遺和歌集（藤原通俊） ○金葉和歌集（源俊頼） ○詞花和歌集（藤原顕輔） ○千載和歌集（藤原俊成）
随筆		⓮枕草子（清少納言）
地誌	○風土記	
説話集		⓲日本霊異記（景戒） ⓳今昔物語集 ○古本説話集
歴史物語		㉔栄花物語 ㉕大鏡 ○今鏡

※●は220～223ページの「作品紹介」で取り上げているもの。

鎌倉	南北朝・室町	江戸
○十六夜日記（阿仏尼）		
	御伽草子 ・鉢かづき ・一寸法師 ・浦島太郎　など	仮名草子 ○醒睡笑（安楽庵策伝） ○伊曾保物語 浮世草子 ❼好色一代男（井原西鶴） 読本 ○雨月物語（上田秋成） ○南総里見八犬伝（曲亭馬琴） 滑稽本 ❽東海道中膝栗毛（十返舎一九）
軍記物語 ㉖平家物語 ○曾我物語	㉗太平記 ○義経記	
⓬新古今和歌集（藤原定家ら）		俳諧紀行文 ○笈の小文（松尾芭蕉） ⓭奥の細道（松尾芭蕉）
⓯方丈記（鴨長明） ⓰徒然草（兼好法師）		○玉勝間（本居宣長） ⓱花月草紙（松平定信）
○発心集（鴨長明） ⑳宇治拾遺物語 ㉑十訓抄 ㉒古今著聞集（橘成季） ㉓沙石集（無住）	能楽論 ○風姿花伝（世阿弥）	
○水鏡	○増鏡	

※←などは、影響を受けた作品の流れ。　※■はこの本で学習したもの。

古文文学史・作品紹介

※ ▒ はこの本で学習したもの。

日記

作者が体験した日々のできごとや、人生の回想を記したもの。

❶土佐日記《とさにっき》　**成立** 平安時代（中期）　**作者** 紀貫之《きのつらゆき》

紀貫之が、役人として赴任していた土佐（今の高知県）を船出して、都の自宅に帰るまでのできごとを記した旅日記。

それまで男性が漢字（漢文）で書くものだった日記を、**女性が仮名で書いた、という体裁**で書いている。

❷蜻蛉日記《かげろう》　**成立** 平安時代（中期）　**作者** 藤原道綱母《ふじわらのみちつなのはは》

平安貴族の藤原道綱の母が書いた日記。夫である兼家との不安定な結婚生活の中で感じた苦悩、息子の成長、日々の暮らしなどについて書かれている。

❸紫式部日記《むらさきしきぶ》　**成立** 平安時代（中期）　**作者** 紫式部

源氏《げんじ》物語の作者である紫式部が書いた日記。主人である一条天皇の中宮・彰子《しょうし》の出産の様子や、のちに天皇となる孫を得て喜ぶ当時の権力者・藤原道長《ふじわらのみちなが》の姿などが書かれている。

歌物語

和歌を話の中心にすえた短編物語集。

❹伊勢《いせ》物語　**成立** 平安時代（初期）　**作者** 未詳

在原業平《ありわらのなりひら》と思われる男の生涯を、恋愛を中心に描いている。「**むかし、男（ありけり）**」という言葉で始まることが多い。

作り物語

作者の創作によってつくりだされたもの。

❺竹取《たけとり》物語　**成立** 平安時代（前期）　**作者** 未詳

現存する**最古の物語**。竹取翁《たけとりのおきな》に竹の中から見つけられて育てられたかぐや姫が、五人の貴公子や帝からの求婚にも応じず、八月の十五夜に月の世界へ帰るまでを描いている。

❻源氏物語　**成立** 平安時代（中期）　**作者** 紫式部

紫式部が書いた長編物語。第一部・第二部では、光源氏の愛の遍歴と栄華、過去の罪の報いを受けて生涯を終えるさま、第三部では源氏の子として育てられた薫の複雑な恋愛模様を描いている。

浮世草子

江戸時代の小説の一種。上方を中心に行われた町人文学。

❼好色一代男　**成立** **江戸時代（前期）**　**作者** **井原西鶴《いはらさいかく》**

主人公世之介の七歳～六〇歳の好色生活が書かれている。

滑稽《こっけい》本

江戸時代後期の小説の一種。笑いの文学。

❽東海道中膝栗毛　**成立** **江戸時代（後期）**　**作者** **十返舎一九《じっぺんしゃいっく》**

江戸八丁堀の弥次郎兵衛と喜多八の、江戸から京坂への道中記。

歌論書

和歌の本質や作歌の際の手法などを詳しく論じたもの。

❾俊頼髄脳《としよりずいのう》　**成立** **平安時代（後期）**　**作者** **源俊頼**

当時の関白・藤原忠実《ふじわらのただざね》の求めにより、その娘泰子《たいし》のための**和歌を作る際の手引書**として作られた。和歌にまつわる故事などが詳しく書かれている。

和歌集

複数の和歌を集めたもの。

❿万葉集　**成立** **奈良時代**　**撰者** **大伴家持《おおとものやかもち》ら**

現存する最古の和歌集。天皇から貧しい農民まで、各地のさまざまな身分の人の歌が収められている。表記は**万葉仮名**（漢字の音や訓をかりて日本語の音を表記しているもの）である。

⓫古今和歌集　**成立** **平安時代（前期）**　**撰者** **紀貫之ら**

醍醐《だいご》天皇の命令で編纂《へんさん》された、日本最初の**勅撰《ちょくせん》和歌集**（天皇や上皇の命令で編纂《へんさん》された和歌集）。四季や恋愛の歌が中心。

⓬新古今和歌集　**成立** **鎌倉時代（初期）**　**撰者** **藤原定家ら**

後鳥羽《ごとば》上皇の命令で編纂された勅撰和歌集。古今和歌集から新古今和歌集までの八つの勅撰和歌集を、特に**八代集**と呼ぶ。

俳諧紀行文

旅の内容と、旅先で作った俳句を記したもの。

⓭奥の細道　**成立** **江戸時代（前期）**　**作者** **松尾芭蕉《まつおばしょう》**

松尾芭蕉の俳諧紀行文。弟子の曾良《そら》と共に**東北・北陸地方**等の名所を巡った**旅の内容**が、**俳句**を交えて記されている。

随筆

自分の見聞きしたことや感想などを、筆の向くまま記したもの。

⑭枕草子《まくらのそうし》

成立 平安時代（中期） 作者 清少納言《せいしょうなごん》

中宮定子《ていし》に仕えた女房・清少納言の書いた随筆。**独特の鋭い感性**で、**ある特定の分野に属するものごと、日常生活・四季の自然、宮廷での日々**などが描かれている。

⑮方丈記《ほうじょうき》

成立 鎌倉時代（前期） 作者 鴨長明《かものちょうめい》

鴨長明が書いた随筆。**仏教的無常観**を基に、前半では**天災・飢饉《ききん》**で不安定な当時の世情、後半では方丈（約三メートル四方）の小さな庵《いおり》での自身の生活などが描かれている。

⑯徒然草《つれづれぐさ》

成立 鎌倉時代（後期） 作者 兼好法師《けんこう》（吉田《よしだ》兼好）

兼好法師が書いた随筆。**仏教的無常観に基づく人生観・世相観**などが描かれている。「**徒然**」とは、**することがなくて退屈なこと**を意味する。

「枕草子」「方丈記」「徒然草」は三大随筆と呼ばれる。

⑰花月草紙《かげつそうし》

成立 江戸時代（後期） 作者 松平定信《まつだいらさだのぶ》

寛政《かんせい》の改革を行った老中・松平定信が、政界引退後に書いた随筆。政治や経済、花や月などの自然や日常生活など、さまざまな分野について記している。

説話集

神話・伝説・民話など、人々の間で語り伝えられた話を集めたもの。

⑱日本霊異記《りょういき》

成立 平安時代（初期） 作者 景戒《けいかい》《きょうかい》

日本最古の**仏教説話集**（仏教を広めるため、善行を積んだり仏を深く信仰したりするように勧める話を集め、わかりやすくまとめたもの）。因果応報や仏の霊験《れいげん》などにまつわる不可思議な話がまとめられている。

⑲今昔《こんじゃく》物語集

成立 平安時代（末期） 作者 未詳

千あまりの説話を収める、**日本最大の説話集**。大きく天竺《てんじく》（インド）・震旦《しんたん》（中国）・本朝《ほんちょう》（日本）の話に分かれている。各話が「**今は昔**」という言葉で始まるため、「今昔物語集」という。

⑳宇治拾遺物語《うじしゅうい》

成立 鎌倉時代（初期） 作者 未詳

鎌倉時代の説話集。**仏教的・教訓的な話**が多い。「鬼のこぶ取り」「腰折すずめ」などの、昔話の原話も収録されている。

㉑十訓抄《じっきんしょう》

成立 鎌倉時代（中期） 作者 未詳

㉒古今著聞集《ここんちょもんじゅう》

成立 鎌倉時代（中期） 作者 橘《たちばなの》成季《なりすえ》

㉓沙石集《しゃせきしゅう》

成立 鎌倉時代（後期） 作者 無住《むじゅう》

それぞれ鎌倉時代の説話集。内容が重複する話もある。十訓抄は**教訓的**で、沙石集は**仏教色**が強い。

歴史物語

歴史的事実を、仮名で物語風に書いたもの。

㉔栄花《えいが》（栄華）物語　**成立** **平安時代（後期）**　**作者** **未詳**

平安時代の歴史物語。**藤原道長の栄華を中心**に、約二百年間の歴史を、**編年体**（年月順に歴史を記述する形式）で記している。

㉕大鏡　**成立** **平安時代（後期）**　**作者** **未詳**

平安時代の歴史物語。二人の老人の昔語りに若侍が批判を加えるという形式で、**藤原道長の栄華を中心**に、約二百年間の歴史を、**紀伝体**（特定の人物別や国別などに歴史を記述する形式）で記している。

大鏡と、後に記された**今鏡**・**水鏡**・**増鏡**の四つの歴史物語を、特に**四鏡**《しきょう》と呼ぶ。

軍記物語

戦争・合戦を中心に、時代の展開を描いた物語。

㉖平家物語　**成立** **鎌倉時代（前期）**　**作者** **未詳**

鎌倉時代の軍記物語。**仏教的無常観**を基に、**源平の動乱**、**平家一門の興亡**を**和漢混交文**（仮名と漢文が混じった形式の文）で描いている。琵琶《びわ》法師によって**平曲**（琵琶の伴奏と共に節をつけて話し聞かせるもの）として語られた。

㉗太平記　**成立** **南北朝時代**　**作者** **未詳**

南北朝時代の軍記物語。鎌倉末期から南北朝時代中期までの約五十年間の争乱を、**和漢混交文**で描いている。

【著者紹介】

岡本　梨奈（おかもと・りな）

◉——スタディサプリ講師。同予備校にて古典のすべての講座を担当する、日本一生徒数の多い古文・漢文講師。

◉——まったくのゼロから古文・漢文をはじめる生徒でも抵抗なく学習できるように、基礎の基礎から解説する。その丁寧でわかりやすい解説によって、古典が得点源になった受講生が後をたたない。「全然できなかったのに、模試で満点が取れるようになった」「一番苦手だったのに、勝負科目に変わった」「はじめて古典がおもしろいと思えた」と、全国の受講生から喜びの声が続出する。

◉——入試古典でいかに点数を取るかを突き詰め、得点に直結する読解技術を日々追求する。その結晶である授業動画や著書が多くの受験生の心をとらえてやまない。全国の受験生からもっとも信頼される講師のひとりであり、「古典の女神」との呼び声も高い。

◉——著書に『岡本梨奈の１冊読むだけで古文の読み方&解き方が面白いほど身につく本』『岡本梨奈の１冊読むだけで古典文法の基本&覚え方が面白いほど身につく本』『岡本梨奈の１冊読むだけで漢文の読み方&解き方が面白いほど身につく本』『大学入試問題集 岡本梨奈の古文ポラリス［１基礎レベル］［２標準レベル］』（以上、KADOKAWA）、『高校の漢文読解が１冊でしっかりわかる本』（かんき出版）などがある。また、共著に『大学入学共通テスト 古文・漢文が１冊でしっかりわかる本』（かんき出版）がある。

高校《こうこう》の古文読解《こぶんどっかい》が１冊《さつ》でしっかりわかる本《ほん》

2021年４月19日　第１刷発行
2024年９月２日　第４刷発行

著　者——岡本　梨奈
発行者——齊藤　龍男
発行所——株式会社かんき出版
東京都千代田区麴町4-1-4 西脇ビル　〒102-0083
電話　営業部：03(3262)8011㈹　編集部：03(3262)8012㈹
FAX　03(3234)4421　振替　00100-2-62304
https://kanki-pub.co.jp/
印刷所——TOPPANクロレ株式会社

ISBN978-4-7612-3036-4 C7081

カバーデザイン　八木麻祐子（Isshiki）
本文デザイン　二ノ宮匡（NIXinc）
本文イラスト　タテノカズヒロ
本文DTP　フォレスト
編集協力　アート工房
校正　相澤尋